Mentes Femininas

DR. JOEL RENNÓ JR.

Mentes Femininas

A saúde mental ao alcance da mulher

Ediouro

Agradecimentos

Quero agradecer a todas as minhas pacientes que tratei e ainda trato ao longo desses anos. Com certeza, elas me ensinaram mais sobre doenças mentais do que jamais poderia ser apresentado em qualquer artigo científico ou livro. Essa é a grande verdade. Só aprendemos psiquiatria durante o exercício clínico, próximo a elas.

Com amor e gratidão à Rozinha e Tequinha, duas mulheres especiais da minha vida e que me tornam um homem mais sensível à psique feminina.

Professor doutor Joel Rennó Jr.

Editora: Mariana Rolier
Assistente editorial: Fernanda Cardoso
Editora de arte: Ana Dobón
Coordenadora de produção: Adriane Gozzo
Assistente de produção: Juliana Campoi
Preparação de textos: Márcia Duarte Companhone
Revisão: Carolina Elisa Wilbert
Projeto gráfico, diagramação e capa: AT Studio
Imagem de capa: Getty Images

Dados Internacionais de Catalogação na Publicação (CIP)
(Câmara Brasileira do Livro, SP, Brasil)

Rennó Júnior, Joel
Mentes femininas / Joel Rennó Júnior. — São Paulo: Ediouro : Editora Segmento Farma, 2008.

ISBN 978-85-00-02346-0 (Ediouro)

1. Mulheres - Psicologia 2. Mulheres – Saúde mental I. Título.

CDD-616.890082
08-06365 NLM-WM 100

Índices para catálogo sistemático:
1. Mulheres : Saúde mental : Psiquiatria : Medicina 616.890082
2. Saúde mental : Mulheres : Psiquiatria : Medicina 616.890082

Rua Nova Jerusalém, 345 – Bonsucesso
Rio de Janeiro, RJ – CEP 21042-235
Tel.: (21) 3882-8200 Fax: (21) 3882-8212/8313
www.ediouro.com.br

Sumário

Introdução

Analisando-se fatores biológicos, psicológicos e sociais, o foco de interesse da presente obra é a saúde mental da mulher ao longo de seu ciclo reprodutivo, obra esta voltada para leigos – tanto para aqueles que sofrem com transtornos mentais quanto para seus familiares ou interessados no assunto.

Conflitos, medos e ausência de informações com os quais convive diariamente o sexo feminino são questionamentos que este livro se esforça para responder por meio desta primeira jornada.

Com o crescimento científico da psiquiatria, observamos, a partir dos anos 1980, a mudança de um modelo psicodinâmico para um modelo biomédico e neurobiológico. Atualmente, temos uma rica variedade de novas tecnologias que esclarecem as causas e os mecanismos das doenças mentais, como a genética molecular e a biologia molecular – que estão sendo usadas para mapear o genoma e identificar a base genética de diferentes doenças mentais.

A idéia é reduzir o estigma associado às doenças mentais, colocando-as no patamar de outras doenças crônicas, como o diabetes. Com os avanços recentes, o desafio, principalmente no gênero feminino, é jamais perder a face humana da psiquiatria – um risco quando ocorrem extremismos ou reducionismos científicos.

Como o autor deste livro, tenho a intenção de repassar parte do conhecimento que adquiri ao longo de minha prática clínica.

Diretor do Programa de Saúde Mental da Mulher (ProMulher) do Instituto de Psiquiatria do Hospital das Clínicas da Faculdade de Medicina da Universidade de São Paulo (HCFMUSP), venho me dedicando à prática clínica, assistencial e acadêmica, com produção científica e de competência técnica reconhecidas.

A pretensão deste livro é contribuir para a produção do conhecimento articulado com ensino e assistência. Os diversos capítulos abordam as diferentes fases da vida da mulher, considerando que ela não é apenas geradora de vida no sentido restrito da maternidade. Mesmo se tratando de um trabalho baseado em evidências científicas, adotei uma linguagem simples, acessível a todos que se interessarem pela leitura.

Este livro contém partes de alguns trabalhos de anos de pesquisa clínica e estudo, que merecem ser divididos, até porque são temas extremamente relevantes, entre vários outros envolvendo a saúde mental da mulher. Divulgar este conteúdo é derrubar as barreiras da universidade e chegar à população – mais que isso, é quebrar tabus vividos pelas mulheres, oferecendo esclarecimento sobre os mais variados assuntos.

O livro – que não pretende ensinar – tem um conteúdo que retrata muitos dos problemas atuais enfrentados pelas mulheres, e que não acredito serem os desafios do amanhã. *Mentes femininas* apresenta propostas, tentando incorporar facetas importantes à saúde da mulher e de suas famílias. Depressão na gravidez e no pós-parto, alcoolismo feminino, TPM (tensão pré-menstrual), aspectos clínico-epidemiológicos das doenças mentais femininas, sexualidade, menopausa, infertilidade, entre outros, são alguns dos assuntos encontrados aqui.

O livro também serve de fonte inicial de pesquisa a acadêmicos, estudantes e curiosos. Além da discussão, a coletânea apresenta dados concretos e alguns depoimentos expressivos da clientela pesquisada, os quais possibilitam a reflexão da realidade vivida e o conhecimento do contexto em que estão inseridos.

O objetivo básico aqui é conversar com a mulher e ajudá-la a perceber como e por que ela deve assumir responsabilidade pela própria saúde e de que maneira seus relacionamentos são refletidos.

Que relacionamentos? Não só com o parceiro, mas com a criança que ainda está para nascer, com os filhos, com as pessoas que ajudam cada mulher no que se refere à sua saúde (incluindo o bem-estar físico), como também com o meio ambiente, e, assim , a mulher estará contribuindo para aprimorar o mundo em que vivemos.

Mentes femininas é um livro sereno, mas firme, sólido, tanto no conteúdo quanto nas propostas, e contribui para organizar e divulgar informações atualizadas sobre certos tópicos significativos da saúde feminina que se encontram dispersos em artigos científicos e livros nacionais e internacionais.

O livro é composto de quinze capítulos e busca chamar a atenção para a importância do entendimento das questões relacionadas à saúde mental da mulher, além dos aspectos médicos – isto é, o ser mulher (assim como ser homem) é uma "construção social, a partir das diferenças entre sexos, que varia historicamente e está sujeita a mudanças por intervenções de ações na ordem social, econômica, jurídica e política" (OMS,* 1995). Portanto, esses papéis socialmente definidos têm conseqüências diretas na saúde e no adoecimento da população.

A maior parte destes capítulos apresenta revisões realizadas de forma sistemática, com referências sobre o assunto, com ênfase nos aspectos clínicos e em medidas de prevalência das doenças mentais, além da detecção dos fatores de risco.

---

* OMS: Organização Mundial de Saúde.

Um dos capítulos significativos é o de número 4, referente ao Hormônio *versus* mente feminina, provavelmente por ser um dos meus principais temas de pesquisa.

Os demais capítulos também têm sua importância, pois todos os temas apresentados estão relacionados aos transtornos mentais nas diferentes fases de vida da mulher e seu impacto sobre a saúde e a qualidade de vida. Desse modo, espero que o leitor aprecie o conteúdo deste livro e que, principalmente, a partir desta leitura, possa ter uma vida muito mais saudável e feliz.

Professor doutor Joel Rennó Jr.

Capítulo 1

As questões da mente e todo o seu valor mítico

A doença mental, com todo o seu valor mítico, em qualquer agrupamento social, sempre foi fonte inesgotável na gênese da arte escrita, contada e televisiva.

A própria medicina, em suas origens tribais, ou nos experimentos alquímicos, reservava aos quadros psíquicos um lugar distinto das meras doenças.

Adoecer mentalmente era, antes de tudo, o adoecer da alma, ou até fruto das manifestações de divindades poderosas. Mesmo a partir da categorização das doenças e das tentativas de sua compreensão fisiopatológica, os quadros mentais ainda eram vistos como conseqüência de migrações de órgãos internos ou "da ação deletéria dos fluxos menstruais", que faziam, por exemplo, com que as mulheres enxergassem o mundo de cabeça para baixo.

Este fascínio pelo mundo psíquico e suas manifestações nos custou, de certa forma, um longo atraso no reconhecimento do sofrimento mental como algo de domínio médico, e, como tal, possível de seu investimento e interesse.

Se pudéssemos admitir a resistência em enxergar o sofrimento psíquico, algo compatível ao preconceito, talvez tivéssemos maior noção da grande dificuldade em reconhecê-lo quando manifestado em idade tenra.

Assim, os transtornos psíquicos infantis foram durante muito tempo algo inexistente, como quadro mórbido, restando-lhes o status de produto meramente social ou familiar, elaborado como tal num planejamento apenas psicoterapêutico.
A medicina mudou, e os médicos também, numa menor proporção. Os quadros mentais passam hoje por uma apaixonada e onerosa investigação genética, neuroquímica e "imagenológica", em busca do tempo a ser recuperado em seus preceitos etiológicos ou terapêuticos.

Apesar disso, o homem ainda cultua uma visão diferenciada do transtorno mental, alternando sentimentos de admiração, medo ou de total desconhecimento.

Essa atitude, muitas vezes, empresta à literatura ou à teledramartugia um perfil adequado e esclarecedor, mas, em muitos momentos, apresenta uma caricatura repleta de preconceitos e estigmas, razão para que muitas pessoas não assumam suas dores psíquicas e deixem de procurar ajuda científica que melhore sua qualidade de vida.

O cinema, a partir da década de 1970, foi o maior divulgador dos "males" da psiquiatria como especialidade médica. O psiquiatra foi comparado ao carcereiro, tendo a enfermeira como torturadora no paradigmático *Um estranho no ninho*. Personagens de inúmeros filmes "ficam" doentes mentais por culpa da família, do chefe ou do governo. Com muita freqüência, assassinos são médicos (Hannibal Lecter), e doentes são os criminosos exatamente por serem doentes.

O livro *As horas*, também retratado no cinema, pode ser considerado uma obra feminina, ou até feminista, relevando o conceito de que a cultura é fundamental para a expressão da doença mental, e assim refutando que a doença mental – no caso, a depressão – seja entendida como fraqueza, fracasso de vida, em vez de patologia. As três personagens principais apresentam depressão, e uma delas é Virginia Woolf, paralisada como escritora em toda a ação do filme durante suas crises depressivas e cuidada intensamente pela família devido ao risco de suicídio. Já para a personagem vivida por Julianne Moore, americana típica dos anos 1950, o cenário é neutro, sem conflitos, afastando qualquer hipótese de motivo externo para a depressão retratada – ela sofre calada, já que na América pós-guerra não havia espaço para a tristeza. A personagem vivida por Meryl Streep é uma mulher nova-iorquina, com companheira compreensiva, filha adorável e um antigo amor – seu melhor amigo – que está à beira da morte. Por sua contemporaneidade, ela pode gritar e dar sentido ao seu sofrimento, chorando e reclamando.

O "louco", como popularmente é chamado quem sofre de qualquer tipo de transtorno mental, nem sempre é aquele que fala com as paredes, bate, grita, etc. As clínicas ou hospitais psiquiátricos, fundamentais para situações emergenciais que envolvam riscos de suicídio, agressividade, agitação psicomotora, surtos psicóticos severos, abstinência de álcool e drogas, não são, necessariamente, aqueles locais onde as pessoas vestem camisolões brancos e ficam zanzando pelo pátio e corredores, sem trabalhos terapêuticos bem fundamentados, éticos e humanos. Eventuais abusos ou erros cometidos no passado por esses modelos de internação não podem excluir totalmente as clínicas e hospitais especializados das inúmeras possibilidades de tratamento e reabilitação, apesar de todos preferirmos que o tratamento ambulatorial seja o prioritário na atualidade, porém sem distorções ou generalizações de um radicalismo anticientífico inútil. Pacientes e familiares que já sofreram muito com doença mental grave sabem do que estou falando.

É importante admitirmos que o sofrimento psíquico existe para todos em algum momento da vida, e não depende de raça, classe socioeconômica, nível de formação, origem ou fase do desenvolvimento – apesar de algumas diferenças poderem representar maior ou menor vulnerabilidade. Todos estão sujeitos a passar por uma situação de pânico, depressão, a ter um filho, amigo ou parente com algum tipo de transtorno mental.

Acredito que o primeiro passo para tratar o problema seja desmistificá-lo, e isso só é possível quando se procura ajuda e informação correta, com embasamento científico. Há grande quantidade de informações, porém poucas têm qualidade e embasamento. Nessa área da medicina, infelizmente há muitos pseudoprofetas e charlatões que se nutrem do sofrimento, da desesperança e do desespero de pacientes e familiares. Algumas religiões ou seitas até tratam o doente mental como se ele fosse a própria encarnação do "demônio" ou alguém "que não tem fé, que não acredita em Deus", submetendo-o a humilhantes sessões de "descarrego". Isso é ignorar a medicina, que sempre deve estar aliada à parte espiritual, seja ela qual for.

Capítulo 2

A saúde e o bem-estar da mulher

A luta feminina pela verdadeira felicidade ainda está longe do final, e vários fatores corroboram meu ponto de vista. A mulher acaba tendo múltiplos papéis que a sobrecarregam, além de cobranças sociais e familiares, com conflitos conseqüentes envolvendo a educação dos filhos e a colaboração ativa como profissional. Seu trabalho ainda é desqualificado, apesar das evoluções recentes.

Nas últimas décadas do século XX, as mulheres reivindicaram seu espaço, inclusive contestando o modelo dominante da velha teoria da evolução humana centrada no sexo masculino. Diferenças biológicas cumprem uma função essencial em relação ao progresso que se realiza em determinada existência, e tais diferenças não podem justificar práticas que ainda se observam, particularmente no Oriente, na África e até em comunidades muçulmanas no Canadá, nos Estados Unidos e em outros países, que por vários mecanismos levam à mutilação do órgão sexual feminino, com extirpação parcial ou total. Os processos de mutilação à margem da lei são feitos sem anestésicos e com a utilização de tampas de latas, canivetes, etc., causando infecções e óbito de grande número de mulheres em todo o mundo. Em países como a China, o controle de natalidade leva ao aborto deliberado de bebês do sexo feminino e até ao infanticídio de meninas, em virtude da ênfase cultural a filhos do sexo masculino.

No Brasil, embora a Constituição Federal estabeleça que "homens e mulheres são iguais em direitos e obrigações", tal igualdade não se verifica na prática, devido à cultura machista ainda predominante, até mesmo nas próprias instituições que deveriam, por sua natureza, aplicar a lei. Apesar das mudanças e vitórias recentes, essa discrepância ainda existe.

No país onde temos uma verdadeira superlegião de pessoas que vive na miséria, encontramos, infelizmente, poucas mulheres empregadas com os registros exigidos por lei, que lhes garantiriam os direitos inerentes à relação de emprego. A mulher ganha em média 2/3 do salário pago ao homem na mesma função. Os homens detêm, dependendo da metodologia empregada pela pesquisa e da população estudada, cerca de 70% da renda nacional, e as mulheres, apenas 30% da mesma renda.

O movimento de liberação dos direitos da mulher vem se desenvolvendo desde o século XIX e teve início com a luta pelo direito ao voto. Em 1910, foi criado o Dia Internacional da Mulher, em memória das 129 operárias assassinadas por patrões de uma indústria têxtil durante um protesto contra as condições de trabalho, em 1857. Verifica-se a grande luta das mulheres pelos direitos essenciais do ser humano, que devem se adequar às leis naturais, com a conseqüente igualdade e fraternidade.

A mulher, na atualidade, tem acesso à vida profissional. Contudo, apesar de contribuir com o orçamento familiar, ainda se exige dela múltiplas funções, e muitas ainda se mantêm obedientes ou submissas ao marido e se responsabilizam pela maior parte das tarefas.

Vivemos em uma sociedade opressora e massacrante, altamente geradora de estresse, com seus padrões preestabelecidos que tentam impedir uma reflexão individualizada. Modelos prontos de felicidade são vendidos por alguns autores de livros de auto-ajuda. A mídia cria, em certas situações, estereótipos incongruentes e reducionistas do espectro comportamental feminino.

Muitos medos e mitos existem. Há os temores do envelhecimento, da perda da libido e da beleza, do envolvimento dos filhos com drogas e violência, do fim do casamento feliz, da falta de sentimento e respeito por parte do companheiro e das amizades frívolas. Aspectos fisiológicos, como a dança dos hormônios e seu papel no organismo feminino, ainda são pouco compreendidos pelas mulheres e seus companheiros.

Diferenças existem do ponto de vista físico entre o corpo de mulheres e homens no que se refere, entre outros aspectos, à formação do cérebro, às características do sangue (número de glóbulos vermelhos) e à aparência (altura, peso, músculos, distribuição de gordura, etc.). As diferenças decorrentes dos progressos científicos, algumas delas demonstráveis por exames avançados de neuroimagem e testes neuropsicológicos, podem, conforme a utilização e o emprego racional delas, gerar aspectos positivos ou negativos.

Nesse momento, os discursos médicos aprofundam os estudos sobre a mulher e sua natureza feminina. Partindo daí, os textos médicos mudam seus discursos e constroem um novo tipo de saber sobre a mulher. Muito cuidado e bom senso devem nortear todos os pesquisadores envolvidos. Comparando-a ao homem, utilizando-se até de estudos antropológicos, a medicina pode, paradoxalmente, reafirmar a idéia de inferioridade feminina, dando-lhe novas cores, já que transformaria a diferença entre os sexos um sinal de anomalia da mulher.

É essa idéia de uma constituição feminina de base degenerada que deve influenciar todo o projeto médico de intervenção junto à mulher. Portanto, deve haver uma reflexão aprofundada por parte de todo o corpo social para que tal visão promova os aspectos vantajosos para a estratégia médica, no sentido de serem criados atendimentos cada vez mais especializados, os quais, ao mesmo tempo, ajudem a fixá-la em determinado papel que respeite a visão histórica, humana e ética da mulher na sociedade atual.

Nos estudos gênero-específicos atuais, observamos a importância da interdisciplinaridade, ou seja, várias especialidades médicas atuando, conjunta e harmonicamente, para a saúde da mulher. Aqui, ressalto a importância da integração entre especialidades médicas como endocrinologia, nutrologia, cardiologia, psiquiatria e ginecologia, entre outras.

Pacientes obesas, diabéticas, hipertensas, com hipotireoidismo e doenças ginecológicas, como a síndrome dos ovários policísticos (ovários não ovulam; formam pequenos cistos que produzem hormônios masculinos) e a endometriose (implantação do tecido endometrial – membrana interna que reveste o útero – em outros órgãos, como ovários, trompas, bexiga e intestino), apresentam sintomas psíquicos, como ansiedade e depressão, com bastante freqüência, além dos vários sintomas e sinais físicos significativos.

Outra relação interessante é entre os aspectos comportamentais, nutricionais e a menstruação. Várias pacientes atendidas com quadro de desnutrição devido à anorexia nervosa têm amenorréia, ou seja, param de menstruar. Isso pode se dar por duas possibilidades: 1) falta de gordura e proteínas das dietas, levando à diminuição da fabricação dos hormônios femininos como estrógeno e progesterona; 2) o emocional pode atuar sobre o hipotálamo, centro regulador da secreção desses hormônios, inibindo a síntese destes.

Algumas pacientes me questionam se tais sintomas psíquicos seriam decorrentes de suas doenças clínicas. Respondo que o caminho inverso também é possível, ou seja, o emocional, sem dúvida, pode levar a quadros orgânicos, ou, pelo menos, desencadeá-los em pessoas predispostas geneticamente. Aspectos psicossomáticos são cada vez mais destacados em congressos científicos internacionais de diversas especialidades médicas.

A relação entre o emocional e a secreção dos hormônios femininos é interessante. O estresse crônico é responsável pela secreção de dois hormônios importantes: o cortisol e a noradrenalina. Ambos podem provocar alterações metabólicas significativas. Na presença de tais hormônios, pode haver, por exemplo, o bloqueio da secreção de insulina. Portanto, haveria, conseqüentemente, aumento da quantidade de glicose (açúcar) no sangue, predispondo ao *diabetes mellitus* e ao acúmulo de gordura pela conversão do açúcar em gordura.

É nítido que as mulheres sofrem mais com os hormônios quando comparadas aos homens. Porém, é bom deixar claro que algumas mulheres são mais suscetíveis às oscilações hormonais fisiológicas do que outras. Nem sempre é preciso haver detecção de um nível hormonal alterado para ter alterações emocionais e comportamentais decorrentes. Basta uma vulnerabilidade maior às variações normais desses hormônios, incluindo períodos como o pré-menstrual, o pós-parto e a perimenopausa (termo médico usado para denominar a fase de transição que marca o fim da vida reprodutiva feminina, caracterizada por mudanças endócrinas, biológicas e clínicas relacionadas a alterações hormonais e pela aproximação da última menstruação).

Recente pesquisa realizada pela Universidade de Harvard, nos Estados Unidos, demonstra que mulheres deprimidas apresentam mais sintomas físicos na perimenopausa, e até menopausa precoce, com sintomatologia exuberante. Outro dado interessante é que existe correlação entre os quadros depressivos pré-menstruais, do pós-parto e da perimenopausa.

A melhor forma de abordagem desses quadros clínicos é o trabalho multiprofissional. Embora tenha havido recentes progressos, infelizmente ainda há resistência de alguns colegas médicos no encaminhamento de pacientes para uma avaliação psiquiátrica, principalmente nas clínicas e nos consultórios particulares. No meio acadêmico, tal prática essencial tem sido cada vez mais comum e construtiva para todos, médicos e pacientes. Não podemos também ignorar os preconceitos e estigmas ainda existentes envolvendo os transtornos mentais e as pessoas que sofrem deles.

No âmbito familiar, filhos e marido devem estar envolvidos em quaisquer tratamentos. A evolução que engloba os vários aspectos da saúde da mulher deve compreender também um processo de amadurecimento psicológico dos homens e familiares envolvidos. A compreensão e o apoio pleno vão bem além da questão do conhecimento e de informações objetivas.

O envelhecer saudável deve ser encarado como dádiva – principalmente quando o preparo para tal fase se inicia precocemente e sem estereótipos. Aspectos físicos mudam, independentemente dos inúmeros e dispendiosos tratamentos estéticos e de atividades físicas regulares. Daí a necessidade de nos prepararmos para as adaptações e transformações interiores que o tempo exige, mudando estilo de vida, pensamento e comportamento. Podemos, sem dúvida, flexibilizar nosso "eu" para que alguns conflitos psíquicos sejam elaborados no decorrer da nossa história de vida.

Um mundo interno reestruturado e fortalecido substitui, com vantagem, eventuais declínios fisiológicos normais. Assim, cuidem de todos os aspectos da saúde, mas não se enquadrem em neuroses da modernidade, como a eterna juventude inalcançável e os protótipos de felicidade artificial, construídos em pilares humanos frágeis e voláteis que só geram angústias e perdas irreversíveis.

Capítulo 3

Aspectos gerais das doenças mentais femininas

As doenças mentais da mulher estão na mira dos especialistas. As particularidades e variações da expressão, assim como os tipos de tratamentos, são os principais focos de interesse, que vêm crescendo nos últimos anos. A saúde mental da mulher é influenciada por fatores biológicos e psicossociais particulares e específicos, implicando na profilaxia e no tratamento dos distúrbios mentais distintos aos dos homens.

Entre os fatores biológicos peculiares estão as diferenças da distribuição, metabolização (transformação) e excreção (eliminação) das drogas. Somam-se a isso os efeitos da terapia de reposição hormonal, dos anticoncepcionais orais e do ciclo menstrual na alteração de alguns sintomas psíquicos, como os ansiosos e depressivos. Além disso, devem-se levar em consideração o efeito diferenciado do ciclo menstrual, o nível sérico (quantidade da droga circulante no sangue) e a resposta a diversos tratamentos medicamentosos propostos.

Quanto aos fatores psicossociais, acredito que papéis profissionais, sociais e familiares inferiores impostos a muitas mulheres por uma cultura machista defasada e ainda hoje reforçada e enfatizada por muitos estão entre os principais responsáveis. A perda de papéis familiares coincidentes com o período da menopausa, o não-questionamento dos valores culturais ainda vigentes, enfim, as submissões aos padrões masculinos de nossa cultura podem funcionar como gatilho de um transtorno mental, como, por exemplo, a depressão. No caso da mulher, também nunca podemos nos esquecer de que abusos físicos e sexuais na infância e adolescência são grandes fatores de risco para a depressão e sempre devem ser pesquisados.

De forma geral, transtornos de humor e de ansiedade são mais comuns em mulheres. Transtornos como pânico, fobias (medos persistentes, irracionais e incapacitantes), depressão maior e distimia (humor levemente deprimido, porém de forma crônica e até incapacitante por pelo menos dois anos) são freqüentes em mulheres.

Do mesmo modo, é comum o transtorno obsessivo-compulsivo, caracterizado por pensamentos intrusivos e repetitivos, como, por exemplo, medo de contaminação por algumas doenças, acompanhado de rituais como o excessivo e insistente ato de lavar as mãos.

A proporção aproximada, na maior parte dos transtornos de humor (depressão) e ansiedade (fobias, transtorno do pânico), é de 2-3 mulheres afetadas para cada homem, conforme o método adotado pelo estudo.

Ainda há poucas explicações biológicas consistentes para tais diferenças. Hoje em dia, a partir de modelos experimentais, demonstra-se que o estrógeno (hormônio feminino) possui várias ações no cérebro, alterando a morfologia dos neurônios (células nervosas) e seu funcionamento pela ação nos neurotransmissores (substâncias químicas por meio das quais as células nervosas se comunicam entre si) e receptores cerebrais.

Isso pode ser responsável pela melhora do humor e até da memória quando há reposição hormonal na menopausa em determinadas mulheres, embora os fatores psicossociais devam sempre ser levados em consideração.

Já a depressão nas mulheres pode ter sintomas atípicos isolados, como irritabilidade e aumento de apetite. E é mais freqüente e grave, com maior risco de suicídio. Na minha opinião, eventos estressores e do ciclo reprodutivo da mulher também devem sempre ser analisados criteriosamente como possíveis desencadeantes do quadro. Isso porque, como enfatizo, é muito comum haver exacerbação de sintomas depressivos e até intensa irritabilidade no período pré-menstrual.

Devido a essas diferenças biológicas e psicossociais, defendo que haja necessidade de diferentes e específicos tratamentos de distúrbios mentais femininos, inclusive do transtorno disfórico pré-menstrual (TDPM) – forma mais grave de tensão pré-menstrual, ou TPM –, hoje incluído na classificação dos transtornos mentais (CID10). Há uma ampla constelação de sintomas emocionais incapacitantes que envolvem esse período. Destes, destaca-se a disforia (humor deprimido, impulsividade e irritabilidade), que pode ser mais perturbadora que os próprios sintomas físicos relatados: cefaléia, inchaço, dores musculares, dor nas mamas e cólicas intensas.

Para o tratamento eficaz dos sintomas de TDPM, é recomendada a ajuda de psiquiatra devidamente habilitado, além do acompanhamento ginecológico. O trabalho deve ser sempre multiprofissional, para otimização do tratamento, com equipe constituída de psicólogos, ginecologistas e psiquiatras. Apesar dos avanços, ainda temos muitas barreiras à interdisciplinaridade.

Pela minha experiência clínica, ressalto também a importância de desmistificar a figura do psiquiatra. Hoje em dia, a medicina moderna – e com embasamento científico – possui diversos recursos terapêuticos no tratamento de depressão, síndrome do pânico, fobia, tensão pré-menstrual e outros transtornos mentais.

Não é justo alguém ficar sofrendo com suas angústias apenas por questões preconceituosas que vêm de um pensamento coletivo e conceitualmente errôneo – imposto pela sociedade. Em algum momento da vida é normal estarmos frágeis do ponto de vista psíquico. A depressão, com certeza, será a grande doença do século XXI, já que atinge cerca de 15% das pessoas do mundo todo e é duas vezes mais freqüente nas mulheres. É, comprovadamente, a doença que mais causa incapacitação nas mulheres, tanto em países desenvolvidos como naqueles em desenvolvimento, com repercussões até mesmo na esfera econômica.

Ressalto ainda o cuidado que as pessoas leigas e em busca de "milagres" ou soluções mágicas, por desespero, devem ter com técnicas alternativas e ditas "naturais". Os riscos existem principalmente porque o controle pelos órgãos competentes ainda são precários, e, portanto, muitas dessas técnicas não possuem comprovação científica quanto à eficácia – podendo retardar o diagnóstico correto para o tratamento adequado de doenças mentais.

Canso de receber pacientes que teriam outra trajetória de vida pessoal, profissional e familiar se tivessem procurado, anos atrás, auxílio médico e psicológico adequado. Quando nos procuram, lamentavelmente muitos transtornos mentais estão cronificados e já causaram enormes prejuízos sociofuncionais.

Capítulo 4

HORMÔNIO *VERSUS* MENTE FEMININA

Muitas mulheres que atendo relatam que lêem em jornais e revistas o poder desastroso da falta de estrogênio (ou estrógeno) no organismo feminino. Umas, em torno dos 50 anos, imaginam sofrer de depressão por diminuição ou falta desse hormônio feminino; outras, mais jovens, atribuem à queda de hormônio estrogênio os sintomas de TPM e até os riscos de depressão pós-parto.

Descrevo um caso clínico que ilustra o exposto acima. A paciente chama-se Márcia (nome fictício), tem 45 anos, é diretora de empresa, tem um filho e é casada há dois anos. Refere um histórico de vida, desde os 18 anos, com sintomas leves como tristeza, desânimo, fadiga, pensamentos negativos (culpa) e ansiedade. Com muita angústia, ela me relata que sua vida conjugal está difícil, particularmente quando o início de um novo ciclo menstrual se aproxima (cerca de uma semana antes da menstruação). Durante tais períodos, sente-se excessivamente triste, desanimada e irritada, chegando a perder a paciência e o controle por razões mínimas. "Doutor, a piora desses sintomas no período pré-menstrual é acentuada."

Ela procura flexibilizar os compromissos profissionais nesses períodos, para que suas funções não sejam prejudiciais à empresa. Relata sintomas semelhantes na mãe. Pergunta-me se há correlação dessa piora sintomatológica com a queda de estrogênio e admite ter feito uma pesquisa na internet sobre o assunto, que gerou mais dúvidas do que ofereceu respostas. Diz que seu terapeuta dá explicações simplistas sobre o assunto, afirmando que os sintomas depressivos decorrem apenas do alto nível de estresse profissional e de sua personalidade perfeccionista. Durante a abordagem terapêutica, conversamos com seu terapeuta e optamos pela associação entre antidepressivos, psicoterapia e terapia estrogênica (esta última por tempo definido e limitado), havendo grande melhora dos sintomas.

Mulheres que também se aproximam da menopausa costumam se queixar de sintomas depressivos, mais especificamente no período conhecido como perimenopausa (que se inicia com os primeiros sintomas ou indicações de aproximação da menopausa, decorrentes de alterações da função ovariana, que dura até doze meses após a última menstruação – perto dos 50 anos de idade). A perimenopausa é associada ao surgimento de irregularidades menstruais e queixas vasomotoras, os conhecidos "fogachos", além de sintomas psíquicos como depressão, ansiedade e irritabilidade. Já menopausa é definida pela Organização Mundial de Saúde (OMS) como a parada permanente da menstruação, em conseqüência da perda definitiva da atividade folicular ovariana, ocorrendo, na maioria dos países industrializados, em torno dos 50 anos.

Como a expectativa de vida tem aumentado progressivamente, temos muitas mulheres pós-menopausadas convivendo conosco e que esperam, é claro, ter qualidade de vida.

É importante para o leitor entender o que é estrógeno e como ele age no cérebro. De forma simples, estrógeno é um hormônio sexual feminino produzido primariamente nos ovários, embora pequenas quantidades dele sejam produzidas no córtex adrenal. Há três tipos de estrógeno: estradiol, estriol e estrona. Aqui, refiro-me às três formas de estrógeno coletivamente, chamando-as apenas de *estrógeno*. O estrógeno é produzido tanto por homens quanto por mulheres, porém a quantidade produzida pelas mulheres é muito maior. Os estrógenos promovem o desenvolvimento das características sexuais secundárias, como o desenvolvimento das mamas. Também estão envolvidos no controle do ciclo menstrual, mas seus efeitos começam antes do nascimento.

Muito antes de uma mãe perceber que dará à luz um bebê, o estrógeno já tem impacto no desenvolvimento cerebral. Tais efeitos são conhecidos como *operações organizacionais* porque organizam a arquitetura do cérebro de forma que criem diferenças cerebrais e comportamentais (Halbreich & Kahn, 2001). Portanto, estruturas cerebrais e funcionamento de circuitos neuronais sofrem influências e ações de hormônios, como o estrógeno, já no intra-útero, que diferenciam corpos, cérebros, neurodesenvolvimento, comportamento e humor femininos dos masculinos.

Há moléculas em várias regiões do cérebro denominadas *receptores cerebrais*, responsáveis pelo comportamento e humor. Uma das áreas de alta densidade de receptores de estrógeno é o sistema límbico feminino, responsável pelo processamento das emoções. O sistema límbico é formado por estruturas como hipotálamo, lobo pré-frontal, amígdala e hipocampo, as quais coordenam o sono e a energia (hipotálamo), a atenção e o comportamento dirigido (lobo pré-frontal), o humor e a motivação (amígdala) e a resiliência ao estresse crônico (hipocampo) – todos envolvidos na expressão da depressão.

Ao contrário dos homens, as mulheres possuem alta densidade de receptores estrogênicos em diversas estruturas cerebrais.

Portanto, elas podem ser biologicamente mais vulneráveis a quadros depressivos diante de flutuações significativas do estrógeno, como os períodos pré-menstrual, pós-parto e perimenopausa.

O estrógeno exerce ainda um segundo tipo de efeito no cérebro feminino, após o nascimento, que prossegue ao longo do ciclo de vida da mulher – as operações ativacionais. Isto é, o estrógeno continua a influenciar a organização do cérebro feminino ao longo dos primeiros anos do seu desenvolvimento. Para simplificar, podemos dizer que tais operações começam na puberdade e prosseguem até a fase adulta. Em geral, essas operações são mais temporárias e reversíveis, permitindo algum controle das mudanças nas estruturas cerebrais e neurobioquímicas envolvidas no humor, na cognição e no comportamento.

É importante deixar claro que, quando a molécula de estrógeno se liga ao seu receptor, este sofre uma alteração em sua estrutura que pode levar a mudanças da expressão de genes responsáveis pelo humor e comportamento (Wooley, 1999). O mesmo se aplica à proteção que o estrógeno faz no combate aos radicais livres, que podem levar à morte neuronal. Aspectos genéticos, nutrição precária, doença recente ou estressores vitais podem causar aumento de radicais livres. Portanto, nunca podemos nos esquecer de quão o cérebro feminino é modificável de forma dinâmica, com mudanças estruturais e funcionais diante das oscilações de estrógeno.

Há diversos tipos de pesquisas básicas de laboratório que demonstram um efeito positivo do estrogênio no sistema nervoso central (SNC). Além de melhora do humor, outro foco de muito interesse é a cognição. Uma das queixas mais comuns nas mulheres com mais de 50 anos avaliadas por mim é a perda de memória, principalmente daquela de curto prazo – para eventos recentes. O pior é que a depressão tem como sintoma a dificuldade de atenção e concentração, levando também a prejuízos de memória.

Estudos de estruturas cerebrais envolvidas na memória, como o hipocampo, demonstram que o estrógeno facilita o processo de memória, promovendo a melhora da atividade ou o funcionamento neural. O estrógeno, segundo tais pesquisas, aumenta a comunicação entre os neurônios – denominada *potencialização de longo prazo* e *transmissão neuronal.* O estrógeno também melhora a eficiência global do cérebro, aumentando o fluxo sanguíneo cerebral e o metabolismo, assim como o funcionamento de neurônios colinérgicos (que produzem o neurotransmissor acetilcolina) ligados aos processos cognitivos.

Todas essas funções citadas são fundamentais para os processos de memorização e estão alteradas em pacientes com síndromes demenciais, sugerindo que o estrógeno poderia ser um protetor do cérebro. O estrógeno pode ainda ter impacto na saúde global das pessoas, uma vez que modula os processos inflamatório, genético e metabólico da formação da proteína precursora de amilóide, que influenciam o funcionamento cognitivo. Embora esses trabalhos, em um primeiro momento, sejam altamente empolgantes, quando ensaios clínicos bem conduzidos são realizados, ainda não há confirmação de todas essas "virtudes" do estrógeno.

Assim como na cognição, uma ampla variedade de mecanismos também pode explicar os efeitos do estrógeno no sistema nervoso central em outras funções (Schneider e cols., 1997). O estrógeno diminui receptores específicos, aumenta hormônios e neurotransmissores igualmente específicos (serotonina e noradrenalina, entre outros), estimula a expressão e a liberação de fator neurotrófico derivado do cérebro (BDNF) – que influencia o crescimento, a conexão e o reparo dos neurônios envolvidos na serotonina, além de inibir a enzima monoaminooxidase (MAO) –, todos envolvidos tanto no humor quanto na cognição. Especificamente na pós-menopausa, em idade mais avançada, a depressão pode ser caracterizada por níveis elevados da enzima monoaminooxidase B (MAO-B). Altos níveis de MAO-B podem resultar em comunicação menos efetiva entre as células cerebrais, assim como em morte celular devido a neurotoxinas.

Com relação aos neurotransmissores, como a serotonina, a dopamina, o glutamato, o GABA e a noradrenalina, estes fazem a comunicação entre os neurônios, comunicação esta que regula o humor e o comportamento. O humor pode oscilar quando há flutuações dos níveis desses neurotransmissores, que variam individualmente. O humor também depende da formação, degradação ou liberação de neurotransmissores no espaço entre dois neurônios, conhecido como *fenda sináptica*. O estrógeno atua como antidepressivo, porque controla todos esses processos (Payne, 2003).

No contexto da depressão, a serotonina é provavelmente o neurotransmissor mais estudado. Sua falta pode ser decorrente de vários fatores: 1) produção e liberação precária de serotonina; 2) hiperatividade de receptores que removem a serotonina da fenda sináptica; 3) aceleração de reações químicas que levam à quebra da molécula de serotonina.

Uma das razões pela qual o estrógeno tem efeito antidepressivo é porque ele, naturalmente, afeta o funcionamento de serotonina. Muitos dos neurônios do cérebro que liberam serotonina contêm receptores estrogênicos, o que significa que deixam o estrógeno determinar a disponibilidade, a concentração e o uso de serotonina.

O impacto particular da associação de antidepressivos com terapia estrogênica também gera dúvidas em muitas pacientes que estão próximas do período da menopausa – que apresentam oscilações dos níveis hormonais. Observamos na prática clínica, com embasamento científico, a melhora significativa dos sintomas depressivos e da qualidade de vida de muitas mulheres que tomam antidepressivos serotoninérgicos (fluoxetina, sertralina) associados à terapia estrogênica, abrindo a possibilidade de tratamento efetivo da depressão nessas pacientes. Portanto, o estrógeno pode ser a medicação-chave que nos auxilia no acesso e na modificação da serotonina de que as mulheres necessitam para elevar o humor (Amin, Canli & Epperson, 2005). Devemos enfatizar ser mais provável que haja um subgrupo de mulheres geneticamente predispostas às oscilações hormonais fisiológicas que todas elas apresentam em períodos determinados do ciclo reprodutivo. Tais oscilações hormonais funcionam como "gatilhos" para episódios depressivos nessas mulheres suscetíveis.

O efeito do estrogênio no humor parece ser decorrente da interação entre diversos sistemas. No caso da paciente Márcia citada, embora ela tenha predisposição familiar à depressão, com antecedentes claros, ela também pode sofrer desse mal durante a perimenopausa por conta das oscilações fisiológicas dos níveis hormonais – que, no seu caso, podem funcionar como gatilhos para a depressão. Outros períodos críticos de oscilações hormonais também podem apresentar maior vulnerabilidade, como o pré-menstrual e o pós-parto.

O fato de as mulheres poderem ser sensíveis a essas oscilações hormonais não implica jamais adotar uma postura reducionista, ignorando ou menosprezando "gatilhos" psicossociais importantes em episódios depressivos específicos do ciclo reprodutivo feminino. Fatores de risco relevantes da depressão feminina são, entre outros, baixo suporte social e familiar, isolamento, viuvez, antecedentes de negligência, abuso físico ou sexual – inclusive na infância –, conflitos conjugais e maternos, estresse vital (por exemplo, múltiplas funções como profissional e dona de casa, baixos salários em comparação aos homens), além de traços de personalidade como insegurança, baixa auto-estima, medo, perfeccionismo, etc. Por isso, sempre recomendo às minhas pacientes que façam psicoterapia associada, para auxiliá-las na resolução dos conflitos intrapsíquicos relacionados ao ciclo reprodutivo, com resignificação de suas experiências de vida.

Capítulo 5

Ligação entre tensão pré-menstrual (TPM) e mente feminina

Como identificar e tratar

Quando as pessoas falam em TPM de forma genérica, provavelmente estão englobando síndromes (conjunto de sinais e sintomas clínicos) diferentes que ocorrem no período pré-menstrual em uma única categoria diagnóstica.

Síndrome pré-menstrual (SPM), tensão pré-menstrual (TPM) e transtorno disfórico pré-menstrual (TDPM) têm características em comum, porém apresentam diferenças importantes. É, portanto, incorreto darmos a eles a mesma denominação genérica TPM.

De forma didática, quais são as diferenças, então?

SÍNDROME PRÉ-MENSTRUAL (SPM): conjunto de sintomas físicos (cefaléia, dor nas mamas, alterações no apetite, edema ou "inchaço") e psíquicos (tristeza, irritabilidade) que acometem cerca de 70% das mulheres durante os anos de vida reprodutiva, no período pré-menstrual (3 a 10 dias antes do início da menstruação). Geralmente esses sintomas são de leve intensidade e não causam grande desconforto no dia-a-dia da mulher.

TENSÃO PRÉ-MENSTRUAL (TPM): manifestação mais intensa da SPM, em que alguns dos sintomas físicos e/ou psíquicos são mais notados e, muitas vezes, levam a mulher a procurar tratamento adequado – geralmente, auxílio ginecológico – para aliviá-los. Atinge cerca de 20% das mulheres durante os anos de vida reprodutiva, no período pré-menstrual.

TRANSTORNO DISFÓRICO PRÉ-MENSTRUAL (TDPM): trata-se de um quadro clínico menos comum, atingindo cerca de 3% a 9% das mulheres durante o período pré-menstrual. É o mais grave de todos e o que mais preocupa os médicos. Em geral, acomete mulheres na faixa de 25 a 35 anos. O desconforto físico pode estar presente, e as queixas psíquicas são relevantes (irritabilidade, impulsividade, tristeza, desânimo, choro fácil, labilidade emocional, alterações de concentração e memória), podendo acarretar graves prejuízos sociofuncionais para a mulher – problema nos relacionamentos pessoais, familiares, no trabalho. Esses sintomas também têm início de 3 a 10 dias antes da menstruação e apresentam alívio no início do ciclo menstrual. Não costumam responder aos tratamentos clínicos convencionais, sendo necessário auxílio psiquiátrico, independentemente de crenças culturais e mitos sobre a figura do psiquiatra, que ainda hoje é erroneamente estigmatizado como "médico de loucos". O preconceito só retarda o tratamento correto e eficaz, impedindo que mulheres que sofrem de TDPM se beneficiem dos modernos e avançados recursos terapêuticos e possam retomar suas atividades normais. Atualmente, o transtorno disfórico pré-menstrual é classificado como um subtipo de transtorno afetivo, incluído no DSM-IV (Manual Diagnóstico e Estatístico de Transtornos Mentais da Associação Psiquiátrica Americana).

Estudo recente global de SPM/TDPM, realizado em diversos países para avaliar a prevalência e o impacto das síndromes pré-menstruais, com 4.085 mulheres em idade reprodutiva (500 pacientes por país), detectou uma taxa de 94% de síndrome pré-menstrual no Brasil – segundo critérios da CID-10 (décima revisão da Classificação Internacional de Doenças). A média da freqüência mundial de SPM, entre os diferentes países, foi de 93%. Já a prevalência de TDPM foi de 5,3% no Brasil, enquanto a média global foi de 3,0%. Interessante notar que em tal estudo foram usados diferentes critérios diagnósticos, com conseqüentes prevalências distintas. Quanto mais rigorosos eram os critérios, menor era a freqüência de SPM. A tipologia sintomatológica teve as seguintes prevalências: 41% das mulheres apresentaram sintomas leves ou nenhum; 29%, sintomas mentais moderados; 22%, sintomas físicos moderados; e 8%, sintomas severos.

Portanto, podemos seguramente afirmar que a TPM grave, que incapacita a mulher, é, na realidade, o transtorno disfórico pré-menstrual (TDPM), que possui particularidades importantes a se destacar.

Sintomas mais freqüentes do (TDPM)

Os sintomas mais freqüentes do TDPM são: humor depressivo, baixa auto-estima, tensão, ansiedade, sensação de estar com "pavio curto", "explosiva", "no limite", irritabilidade, choro fácil, dificuldade de concentração, cansaço, falta de energia, alterações de apetite e do sono. Os sintomas físicos são dor ou inchaço nas mamas, aumento do abdome (barriga), cefaléia, dores musculares ou nas articulações, ganho de peso. Esses sintomas costumam ser intensos no período pré-menstrual, com a remissão ou grande alívio poucos dias após o início da menstruação.

Quando buscamos as causas, não encontramos um modelo único que justifique a ocorrência da TPM. Vários fatores são apontados na gênese da TPM, principalmente no TDPM.

FORMAS MAIS GRAVES:

- Disfunção da atividade de alguns neurotransmissores (substâncias químicas responsáveis pela comunicação das células nervosas entre si), como a serotonina e a noradrenalina, relacionada à ocorrência de sintomas disfóricos (tristeza, irritabilidade, impulsividade).

- Alterações hormonais fisiológicas (variações bruscas dos níveis de estrógeno e progesterona, que são hormônios femininos) relacionadas a determinados momentos do ciclo reprodutivo da mulher, como o período pré-menstrual, puerperal e da perimenopausa, criariam um fator de predisposição para o surgimento de transtornos do humor na fase pré-menstrual, graças a uma sensibilidade diferenciada do sistema nervoso central a tais "gatilhos". As teorias hormonais tanto para progesterona (incluindo níveis sanguíneos e receptores) quanto para estrógenos e andrógenos (hormônios sexuais masculinos) não encontram diferenças que possam ser correlacionadas às causas de TPM.

- Antecedentes pessoais de depressão pós-parto, episódios depressivos prévios, alterações tireoidianas, ciclos menstruais irregulares, dismenorréia (cólica intensa durante o fluxo menstrual) aumentariam o risco de TDPM.

• Antecedentes familiares de transtornos depressivos também aumentariam o risco de TDPM, sugerindo possíveis fatores genéticos em sua etiologia (causa).

O diagnóstico do TDPM é feito através de: 1) anamnese (história) clínica, excluindo possíveis quadros que geram desconforto pré-menstrual, como doenças ginecológicas (endometriose e doença fibrocística mamária), além de quadros de letargia por problemas de tireóide; 2) anamnese psiquiátrica, para caracterizar possíveis transtornos psiquiátricos primários que eventualmente apresentem exacerbação pré-menstrual, como depressão e outros; 3) avaliação nutricional, verificando o consumo de cafeína, bebidas alcóolicas e sal, além do uso de anticoncepcionais e de outros medicamentos que possam produzir alterações de humor nas mulheres; 4) acompanhamento prospectivo por dois ciclos consecutivos, para confirmação da presença dos transtornos pré-menstruais, sua intensidade e variações ao longo dos ciclos.

Deve ser enfatizado que o TDPM não pode ser mera exacerbação de transtornos psiquiátricos. Quadros com ataques de pânico, episódios fóbicos, depressão, episódios bulímicos e epilepsia temporal podem piorar no período pré-menstrual. A comorbidade (associação de um distúrbio psiquiátrico primário, como a depressão, com o TDPM) ocorre em cerca de 30% a 70% dos casos de TDPM.

Quando falamos em tratamento de TPM, sempre devemos levar em consideração a heterogeneidade dos diagnósticos (SPM, TPM, TDPM). Isso torna difícil o consenso na literatura sobre a melhor forma de tratamento. De modo geral, classificam-se os tratamentos para a síndrome pré-menstrual em três grupos: 1) aqueles que corrigiriam um transtorno fisiopatológico (causador) subjacente, como a depressão (uso de drogas psicoativas, como os antidepressivos, e substituição de drogas que possam estar colaborando para esses sintomas, como algumas classes de anti-hipertensivos); 2) tratamentos sintomáticos que tratam de queixas específicas nos casos mais leves; 3) aqueles que alteram o ciclo menstrual ovulatório normal (contraceptivos orais, progesterona e outros).

Medidas educativas e de suporte são fundamentais. Discutir a síndrome pré-menstrual com as pacientes, permitindo que relatem seus problemas e sintomas, é de grande valor terapêutico. Elas precisam entender que esses sintomas são limitados a poucos dias, cessando ou diminuindo após a menstruação, e que não ficaram "doidas" em decorrência deles. Isso alivia os sintomas, mas não é suficiente, apenas coadjuvante. Embora a psicoterapia de grupo, em nossa prática clínica no ProMulher, auxilie nossas pacientes, não há evidências consistentes na literatura científica de que esse trabalho altere o curso da TPM. Igualmente, abordagens cognitivas (mudanças de foco de pensamento), técnicas de relaxamento e acupuntura (boa para analgesia e diminuição da retenção hídrica, ou seja, atenuação do "inchaço") são bons coadjuvantes nos casos leves.

Interessante é a discussão em torno dos exercícios físicos. Na década de 1970, a mídia leiga enalteceu o papel dos exercícios físicos regulares associados a uma dieta equilibrada no tratamento da TPM. Embora haja poucos estudos controlados sobre essa área polêmica, sabemos que mulheres que praticam exercícios aeróbicos (natação, corrida) regularmente e de forma moderada apresentam sintomas menos proeminentes na fase pré-menstrual e menstrual que as sedentárias, em especial os sintomas de dificuldade de concentração, afeto negativo, alteração do comportamento e dor (provavelmente devido à melhora do inchaço das mamas e à diminuição da retenção de fluidos).

A mente parece processar informações de forma mais rápida e eficiente em indivíduos com atividade física regular.

O exercício físico é bom para a memória por causa de alguns mecanismos básicos que promove, como melhora da circulação cerebral, alteração na síntese e destruição dos neurotransmissores e também diminuição da pressão arterial, dos níveis de LDL no plasma (colesterol ruim) e inibição da formação de coágulos sanguíneos.

Já a melhora do humor provavelmente decorre do aumento do fluxo sanguíneo cerebral, das alterações nos neurotransmissores (como a serotonina), da liberação de opióides endógenos (analgésicos naturais produzidos pelo próprio organismo, as conhecidas endorfinas), além da diminuição da tensão muscular e da alteração das atividades das ondas cerebrais.

Mudanças dietéticas simples são importantes. Devem ser restringidos alimentos com alto teor de açúcar refinado, limitado o consumo de xantinas presentes na cafeína, chocolates e chá, que podem estar associadas ao aumento da incidência da doença fibrocística da mama. Mulheres que consomem altos níveis de cafeína têm aumento de irritabilidade, dificuldade de sono e problemas gastrointestinais (níveis a partir de 250 mg de cafeína, cerca de 3 xícaras de café por dia). O sal deve ser limitado para evitar o inchaço que pode ocorrer no período pré-menstrual. Igualmente, é indicada a redução de nicotina e de bebidas alcoólicas.

Entre as opções farmacológicas cientificamente eficazes e mais utilizadas, temos:

1) Psicofármacos: antidepressivos inibidores da recaptação de serotonina (IRSS). Demonstraram eficácia em estudos controlados de TDPM, e três deles já estão aprovados pela agência que con-

trola medicamentos e alimentos nos Estados Unidos, o FDA – Food and Drug Administration. São considerados medicamentos de primeira linha no tratamento. Devem ser receitados sempre por médicos psiquiatras, sendo efetivos em 60% a 80% das mulheres com TDPM. Os ansiolíticos têm utilização limitada pelos riscos de dependência e são medicamentos de terceira linha.

2) Terapia hormonal (sempre com orientação do ginecologista): um novo contraceptivo oral combinado, constituído pela associação entre 20 mcg de estradiol e 3 mg de drospirenona, no esquema 24/4 (toma-se a pílula por 24 dias consecutivos e descansam-se 4 dias) tem indicação para TDPM e também é um tratamento de primeira linha. Sua vantagem é que a drospirenona não tem efeitos adversos como irritabilidade, cefaléia, ganho de peso, oleosidade de pele, acne e irregularidade de sangramentos – comuns com o uso de outros contraceptivos orais. Outros métodos anovulatórios (que suprimem a ovulação) que aliviam os sintomas de TDPM podem ser constituídos de altas dosagens de estradiol transdérmico pelo uso de adesivos, mas seu uso é controverso.

Menstruar ou não: eis a questão polêmica

Nas últimas décadas, várias discussões e polêmicas têm ocorrido em congressos médicos acerca dos benefícios e riscos que podem estar associados à supressão da menstruação.

A medicina se baseia em evidências científicas; porém, não podemos jamais ignorar o psiquismo de cada pessoa em particular, modelado por questões históricas, culturais e até mesmo mitológicas. O simbolismo do "menstruar" acoplado às mulheres é muito significativo e deve ser respeitado. Ou seja: cada mulher deve se apropriar do próprio corpo.

Muitas mulheres sentem dor intensa no período menstrual – a chamada cólica, conhecida como "dismenorréia" primária –, e há, ainda, os gastos com medicações analgésicas, absorventes e outros cuidados que fazem parte do arsenal terapêutico. Na realidade, o que as mulheres pretendem com isso é justamente melhorar a qualidade de vida. No entanto, os riscos e benefícios devem sempre ser pesados, principalmente no caso de mulheres hipertensas, fumantes, obesas e diabéticas, que podem ser mais vulneráveis a ter complicações com hormônios.

Nos Estados Unidos, as desordens menstruais constituem a maior causa de doenças ginecológicas, afetando cerca de 2,5 milhões de mulheres por ano. Essas desordens provocam uma redução geral de 25% na produtividade dessas mulheres e representam um custo de 8% dos ganhos das empresas. Portanto, os custos, além de individuais, também acabam sendo sociais, a ponto de determinadas empresas norte-americanas ainda marginalizarem nas entrevistas mulheres com síndrome pré-menstrual (SPM) intensa ou até demiti-las. No Brasil, poucas empresas fazem um programa de prevenção e tratamento da TPM, tanto em nível individual quanto em nível coletivo. Medidas simples e bem planejadas podem ter grande impacto.

O mito do natural, benéfico e normal começa a ser confrontado cientificamente, embora, eu repita, a decisão final deva ser sempre da mulher, responsável, em conjunto com o médico, pela avaliação dos custos e benefícios.

Apesar de natural, a menstruação pode gerar uma série de condições indesejáveis e até insuportáveis para a mulher. Portanto, muitas delas devem ter o direito de optar, através de um método seguro e eficaz, pela supressão da menstruação e pelo fim do sofrimento. Por exemplo, mulheres com endometriose (implantação do tecido que reveste internamente o útero em outros locais como tubas, ovários e intestino) podem ter a opção da trimenstruação, ou seja, podem menstruar apenas a cada três meses, aliviando, assim, o sofrimento.

Para isso, propõe-se o uso contínuo dos contraceptivos orais modernos, que possuem microdosagens hormonais, em vez do "21/7" – isto é, aquele no qual durante três semanas a mulher toma o hormônio e na quarta semana toma o placebo (substância inócua) para reproduzir o sangramento menstrual. Além disso, temos ainda os implantes subcutâneos (tubo implantado no braço que libera progesterona por até três anos) e aqueles que podem ser aplicados nas nádegas e que contêm estrógeno, progesterona ou androgênios. Como opções à via oral, temos as vias transdérmicas (adesivos ou *patchs*) ou percutâneas (injeções com ações prolongadas).

Contudo, para fazer uso de qualquer um desses métodos, o perfil de cada paciente tem de ser pormenorizadamente analisado pelo médico ginecologista.

A história menstrual das mulheres mudou de forma radical. No passado, as mulheres tinham apenas cerca de 160 ovulações ao longo da vida, enquanto no presente este índice é de aproximadamente 450 períodos. A geração passada apresentava menarca (primeira menstruação) aos 16 anos, tinha filhos, em média, aos 18-19 anos, várias gestações (média de seis filhos), longos períodos de amamentação entre os sucessivos nascimentos e filhos com diferenças de 2-3 anos. Hoje, a menarca ocorre aos 12 anos, o primeiro filho vem aos 24-25 anos, em média, no máximo dois filhos são gerados, e o tempo de amamentação é reduzido a 3-6 meses. A menopausa também ocorre mais tarde na atualidade.

Tendo em vista esse raciocínio, vemos claramente que os novos modelos de menstruação são desconhecidos quanto aos benefícios à saúde, pois a mulher atual é muito mais exposta às flutuações hormonais.

A amenorréia (ausência de menstruação) possui várias evidências atuais de ser mais saudável do que apenas uma alternativa. A mulher que não menstrua evita as constantes oscilações hormonais, e, com isso, evitam-se as mudanças de humor e de personalidade no pré-menstrual. Doenças ginecológicas causadas de forma direta pela menstruação, como a endometriose, podem melhorar; doenças clínicas como artrite, epilepsia e transtorno do pânico, que pioram ciclicamente, seriam bem atenuadas. Ovulações freqüentes e menstruação contribuem para a anemia, para alguns subtipos de cânceres ginecológicos e até para doenças cardíacas.

É óbvio que as mulheres de gerações passadas não ficavam longos períodos amenorréicas artificialmente pelo uso de hormônios. Apesar das crenças, tal questão deve ser encarada mais como um ajuste de um processo fisiológico do organismo, assim como o próprio uso de anti-hipertensivos. A medicina atual procura prevenir, por intermédio de medicações, uma série de doenças ameaçadoras à vida ou à integridade das pacientes, doenças estas debilitantes e até incapacitantes. O uso da própria terapia hormonal (TH) é encarado como fator protetor contra uma infinidade de condições, embora envolva alguns riscos. Quando os benefícios superam os riscos em larga escala, todos ganham com essas medidas: a paciente e a sociedade.

A aceitação dessa possibilidade deverá demorar muito tempo ainda, embora certas executivas, profissionais de saúde, modelos e atletas estejam aderindo de forma maciça a esses novos conceitos. Percebemos que as mulheres se adaptam com facilidade às novas tecnologias, desde que informadas de maneira correta e respeitadas em sua individualidade e nos aspectos psicodinâmicos, ajustando seu ciclo convenientemente.

Algumas mulheres podem achar que a visão da menstruação como desnecessária tende a torná-la patológica a todas elas, o que não é verdade. A supressão deve ser apenas uma opção oferecida às mulheres que sofrem em demasia, tanto física quanto psiquicamente, no período pré-menstrual. Suas escolham devem ser aceitas e respeitadas pela sociedade, assim como as demais escolhas "naturais".

Não se deve também dar munição àqueles que se aproveitam desses efeitos indesejáveis do ciclo menstrual, que freqüentemente requerem auxílio médico, para tratarem com discriminação essas mulheres sofredoras, impedindo-as de salários justos e de condições igualitárias às dos homens.

Quanto às contra-indicações dos contraceptivos orais, são as mesmas das do uso tradicional. Não há explicações científicas plausíveis e comprobatórias de que as flutuações hormonais e a própria menstruação "natural" sejam saudáveis e benéficas para a maioria das mulheres. Em contrapartida, é preciso observar que o ciclo menstrual regular tem função sinalizadora importante na detecção de algumas patologias clínicas. Mulheres em amenorréia constante podem ter diagnósticos tardios de algumas doenças que se manifestam sobre os aspectos do ciclo menstrual.

Os cuidados quanto ao uso das pílulas devem ser os mesmos. Mulheres que já as tomam buscam mecanismos que as façam lembrar da necessidade do uso diário destas, além, é claro, dos riscos das doenças sexualmente transmissíveis, que devem ser evitadas com o uso dos preservativos.

O respeito ao simbolismo do menstruar, individual a cada mulher, também deve partir do médico, independentemente de sua especialidade. Dependendo do psiquismo e de suas diversas estruturas e funcionamento inconsciente interligado, a menstruação pode ter representações relacionadas aos papéis femininos de fertilidade, sexualidade, feminilidade e saúde. Tais aspectos não podem jamais ser transgredidos pelo profissional que atende a essas pacientes. Modismos em adolescentes que se identificam com um grupo em questão – como modelos e artistas –, procurando, de forma indiscriminada, a supressão da menstruação, também precisam ser combatidos. Estudos prospectivos de longa duração precisam elucidar melhor essas questões fisiológicas envolvidas nas situações de jovens que procuram a supressão a todo custo, sem uma indicação adequada para ela.

Portanto, essa análise crítica, difundida mundialmente em congressos por vários ginecologistas, deve ser repassada a todas as mulheres de nossa sociedade sofredoras de distúrbios físicos e psíquicos relacionados à menstruação. Cabe somente a elas, após esclarecimento científico por meio de diálogo aberto com seu médico de confiança, a liberdade de escolha de um método eficaz e saudável no combate aos sintomas pré-menstruais exacerbados, que causam estresse psicossocial crônico e até incapacitante em algumas pacientes. Crenças, mitos, tabus e distorções cognitivas devem ser retificados junto às mulheres pelos profissionais da saúde, sem quaisquer preconceitos ou posturas rígidas, já que a ciência é extremamente mutável e dinâmica.

Conclusão

Quanto ao tratamento do TDPM, é importante ter em mente que a abordagem terapêutica será individualizada pelo médico, após a caracterização da intensidade dos diversos sintomas relatados por cada paciente. Todos os aspectos pertinentes aos problemas devem ser enfocados de forma aberta, desmistificada, cientificamente embasada e com a participação obrigatória de psiquiatras, psicólogos e ginecologistas. Todo tratamento multiprofissional tem melhores resultados para esses casos. Por fim as barreiras preconceituosas que distorcem a figura do médico psiquiatra perante a sociedade impedem que pacientes que sofrem de TDPM, altamente incapacitante, sejam beneficiadas por um tratamento adequado e preciso, cronificando seu prejuízo sociofuncional.

Ilustração com caso clínico

A paciente Ana (nome fictício) nos procurou, pois há oito meses apresentou-se ao seu ginecologista com uma história de depressão. Ela relatou que foi medicada com 300 mg/dia de bupropiona (2x/dia), e que sintomas como tristeza, desânimo, cansaço, pensamentos de conteúdo negativo (culpa e menos-valia) e prejuízos de memória tiveram melhora após um período de cinco semanas de tratamento. Referiu, porém, que ainda continuou a experimentar irritabilidade, labilidade emocional e inchaço abdominal cerca de uma semana antes da menstruação, e que tais sintomas estavam interferindo em seus relacionamentos no trabalho e na família. "Sentia-me, nesses dias, a ponto de explodir, brigando pelas coisas mais superficiais e pelos motivos mais banais possíveis." Houve até discussões mais ásperas com o marido, um homem que define como compreensivo e companheiro, com o qual tem uma relação estável de doze anos. Relatou que tentava se controlar, porém, na prática, era impossível. Disse que apresentava sintomas pré-menstruais físicos e psíquicos desde os 18 anos, os quais pioraram significativamente, com prejuízos sociofuncionais apenas a partir dos 35 anos (cerca de dois anos atrás). Referiu ter ciclo menstrual regular.

Discussão e conduta

Casos clínicos de depressão feminina que pioram sobremaneira no período pré-menstrual devem ser manejados, preferencialmente, com antidepressivos serotoninérgicos, e não com bupropiona ou agentes noradrenérgicos/dopaminérgicos.

Interessante notar que há base científica comprovando a eficácia de antidepressivos serotoninérgicos – como a sertralina – durante apenas a fase lútea (uso intermitente) e em baixas dosagens. Não só os sintomas psíquicos respondem bem à sertralina, mas há evidências clínicas consistentes de que os sintomas físicos também diminuem.

As respostas costumam ocorrer rapidamente durante o primeiro ciclo de tratamento, em geral em 1-2 dias, comparadas a 3-4 semanas em transtornos depressivos ou ansiosos.

O fato de a paciente não ter respondido a tais sintomas durante o uso da bupropiona (não serotoninérgico) não implica sua possível resposta ao antidepressivo serotoninérgico.

Para a paciente citada, resolvemos introduzir o cloridrato de sertralina, 50mg/dia, apenas durante a fase luteal (2ª fase) do seu ciclo menstrual – sem suspensão da bupropiona. Como ela apresentava ciclos menstruais regulares de 28 dias, decidimos usar a dose intermitente em vez da contínua. A vantagem foi a diminuição de efeitos colaterais quando comparados ao uso contínuo do antidepressivo.

Cinco ensaios clínicos controlados com placebo (substância inócua, uma espécie de pílula de farinha) demonstraram eficácia equivalente do uso intermitente (apenas nos 15 dias que antecedem a menstruação) quando comparado ao uso contínuo. Em um estudo, 100 mg foi mais efetivo que 50 mg no esquema intermitente.

A melhora geralmente é vista no primeiro ciclo de tratamento e tende a crescer no segundo. O efeito colateral mais significativo ocorrido com nossa paciente foi insônia – que melhorou após dez dias de tratamento.

Como a melhora com 50 mg/dia foi parcial, optamos pelo aumento da sertralina para 100mg/dia durante os 14 dias da fase lútea do segundo ciclo de tratamento. Observamos, de acordo com relatos da paciente, melhora total de sintomas como irritabilidade, inchaço abdominal e labilidade, sem nenhum efeito colateral. Ana se descrevia "como outra pessoa". "Todos ao meu redor notaram a diferença; parecia que a TPM nunca tinha existido em minha vida", revelou. Na evolução dos últimos seis meses, tal melhora foi mantida.

Capítulo 6

O lado sombrio da gestação – a depressão

No culto à maternidade ocorrido durante o século XIX, o lugar da mãe cresceu na sociedade ao mesmo tempo que o da criança, com alto nível de responsabilidade e cobrança. À mulher foi delegado um novo papel: além de procriadora, ela passou a ser também educadora. No século XX, especialmente sob a influência da psicanálise, reforçou-se a tendência a responsabilizar a mãe pelas dificuldades e problemas dos filhos, o que causou e ainda causa muita culpa em diversas futuras mamães.

No ciclo vital da mulher, há períodos críticos de transição que constituem verdadeiras fases de desenvolvimento da personalidade, sendo a gravidez um deles. Muitas mulheres aproveitam esses períodos para reestruturações, modificações e reintegrações de personalidade. Porém, pode ocorrer, em maior ou menor grau, uma perturbação temporária do estado de equilíbrio, mesmo nas mulheres consideradas "normais" e sem antecedentes familiares ou pessoais de transtornos mentais. À sociedade e ao profissional não cabem prejulgamentos ou críticas infundadas, mas a ajuda a esta mulher na superação do momento de crise existencial.

A chegada de um bebê gera uma série de mudanças complexas, com variáveis psicológicas, bioquímicas e até socioeconômicas. Muitas de minhas pacientes executivas, empresárias ou médicas adotam uma postura de angústia e ambivalência, com privações reais. Aprendi com elas que a preocupação com o futuro aumenta as necessidades da grávida e intensificam sua frustração, gerando, em conseqüência, raiva e ressentimento, que a impedem de encontrar gratificação na gravidez.

Outra característica da gravidez como transição é o fato de representar a possibilidade de atingir novos níveis de integração, amadurecimento e expansão da personalidade ou de adotar uma solução patológica que predominará na relação com a criança. Uma relação saudável implica, em termos gerais, perceber e satisfazer de modo adequado às necessidades do bebê, visto como indivíduo separado, e não simbolicamente confundido com a mãe. Em contrapartida, uma relação doentia caracteriza-se, em termos gerais, pela expectativa de que o bebê preencha certas necessidades neuróticas da mãe ou do pai, como, por exemplo, evitar a solidão, satisfazer carência de afeto ou fazer com que os pais se sintam úteis; ou então o bebê pode representar simbolicamente uma parte doente da mãe ou do pai – com freqüência é essa a dinâmica subjacente à excessiva procura de médicos (Maldonado, 1997).

Em relação ao casamento, a gravidez também pode levar a maiores níveis de integração e aprofundamento no relacionamento do casal, mas, por outro lado, pode romper uma estrutura frágil e neuroticamente equilibrada. Muitos filhos vêm com a missão de salvar um casamento falido ou de excluir a presença do pai, e neste último caso até provocam intenso ciúme.

Nenhum médico jamais deve pensar de forma reducionista, levando em conta apenas a "mulher grávida". Toda a "família grávida" deve ser avaliada e orientada pelo profissional. Nos grupos de gestantes que coordenamos até hoje no Hospital das Clínicas, observamos uniformidade de vivências e temas expressos, quando comparamos gravidez normal à patológica. Portanto, a diferença é mais quantitativa.

O campo da gravidez é um terreno fértil para o desenvolvimento de transtornos de humor e ansiedade. Por incrível que pareça, muitos profissionais qualificados ainda negligenciam os cuidados mentais que devem ser dedicados à mulher, desde o início do pré-natal, subestimando quadros depressivos. Preocupam-se muito mais com o período pós-parto, enquanto a preocupação deve ser com o ciclo gravídico-puerperal completo de toda a família da paciente.

Muitas pacientes grávidas, assim como seus familiares, ficam bastante angustiados se a gestante em questão estiver tomando antidepressivos – tempos atrás, totalmente proscritos. A rejeição é grande tanto por parte de profissionais quanto por parte de pacientes e familiares. A pergunta que mais ouço é: "Doutor, estou grávida e tenho depressão. O que fazer?". Várias pacientes e familiares já vêm ao consultório dizendo que não vão tomar medicamentos porque isso pode gerar deformidade no bebê. Afinal, até que ponto isso é real?

As controvérsias e polêmicas são inúmeras, mesmo entre médicos obstetras e psiquiatras. Para muitos profissionais, em hipótese nenhuma deve haver a utilização de antidepressivos no período da gestação. O risco de malformação ou teratogênese é a maior preocupação.

Tenho vários relatos de pacientes a respeito desse assunto. Cito um deles para ilustrar.

"Dr. Rennó, tenho 34 anos e, recentemente, meu marido e eu, após mais de dez anos tentando ter filhos em clínicas de infertilidade, soubemos de forma alegre e receptiva que eu estava grávida. À euforia inicial adveio uma enorme preocupação, já que há muitos anos tomo cloridrato de sertralina para o tratamento de depressão e síndrome do pânico. Fiz várias tentativas prévias de parar com o medicamento e, em todas elas, houve fracasso. Meu psiquiatra anterior e meu atual obstetra disseram-me que eu teria que parar imediatamente com o medicamento, pelos altos riscos envolvidos – poderia até mesmo abortar a criança tomando psicotrópicos ou ela nascer com sérios 'defeitos'. Pesquisando na internet, fiquei com mais dúvidas ainda e então o conheci por intermédio de uma amiga pessoal que se trata com sua equipe do Hospital das Clínicas. Por indicação dos médicos, parei com a sertralina há cerca de três semanas e venho tendo sudorese, sentindo palpitações, insônia, ansiedade e desânimo. Não estou conseguindo aproveitar este momento especial da vida, tão sonhado e planejado por nós dois, pois irrito-me com tudo, sinto-me intolerante. Será que terei de suportar tais sintomas sem medicamento, uma vez que a psicoterapia, embora me ajude, não tem se demonstrado totalmente eficaz no meu caso?"

Casos assim são muito freqüentes e comuns. Poucos profissionais estão devidamente habilitados e preparados para lidar com desafios psiquiátricos durante a gestação. Argumentos subjetivos e ultrapassados costumam preponderar sobre uma análise científica imparcial.

Até tempos atrás, a gravidez era considerada fator de proteção contra transtornos mentais, incluindo a depressão. Tal fato histórico, em uma análise mais apurada, demonstrou ser falso. Estudos atuais sugerem que a recorrência de uma condição psiquiátrica preexistente ou o início de um novo transtorno mental são freqüentes durante a gestação. Transtornos de ansiedade e humor são comuns em gestantes, ao contrário do que se achava antes. Devido ao número limitado de trabalhos envolvendo o uso de psicotrópicos durante a gestação, muitas mulheres são aconselhadas a parar todos os medicamentos ou, então, nem sequer engravidar.

Não cabe ao médico jamais tomar decisões unilaterais ou impositivas em nome da paciente. Todo profissional deve avaliar cada situação individualmente, mostrando à mulher que deseja ser mãe, de forma técnica e com embasamento científico, todos os riscos e benefícios do uso de antidepressivos na gestação.

Evidências crescentes sugerem que doença mental ativa durante a gestação e no período pós-parto pode afetar negativamente o desenvolvimento da criança, com morbidade materna importante.

Aprendi a valorizar não apenas os riscos dos medicamentos, mas também aqueles que um quadro de depressão pode oferecer tanto à mãe quanto ao bebê.

Entre os vários fatores de risco para a depressão pós-parto, sem dúvida o maior deles é a depressão não tratada durante a gestação. Nunca podemos nos esquecer de que mulheres têm probabilidade duas vezes maior que os homens para episódios depressivos, e que o pico de incidência ocorre justamente entre 25 e 45 anos de idade, fase reprodutiva da vida da mulher (Kessler et al., 1993). Pelo menos um estudo prospectivo demonstrou taxas iguais de depressão (aproximadamente 10%) entre mulheres grávidas e não-grávidas. Outro estudo que acompanhou 14 mil mulheres sugere que sintomas depressivos antenatais podem ser até mais comuns que a depressão pós-parto (Evans et al., 2001).

É importante lembrar que antecedentes pessoais ou familiares de transtornos depressivos também são fatores de risco, além de conflitos conjugais ou falta de suporte psicossocial do marido e de familiares, eventos vitais adversos recentes, baixo nível socioeconômico e gravidez indesejada (O'Hara, 1995).

Talvez os leitores perguntem: "Doutor, uma mulher sem tais antecedentes pessoais de depressão, com adequado suporte e ajuste psicossocial, bom nível socioeconômico, ótimo pré-natal, sem problemas clínicos na gravidez, que faz ioga, é superdecidida e tranqüila, esportista, com formação superior, também pode ter depressão na gestação?".

Sem dúvida. Acompanhei muitas pacientes consideradas superajustadas pela sociedade, não suscetíveis à depressão e com hábitos de vida saudáveis que apresentaram episódios depressivos na gestação. A doença mental é democrática – ninguém deve subestimá-la ou atribuí-la apenas àqueles considerados mais vulneráveis ou frágeis. Já acompanhei mulheres com o perfil descrito que até tiveram maior resistência em procurar ajuda médica, chegando à minha avaliação com um quadro psiquiátrico subtratado e grave.

De acordo com estudos desenvolvidos pelo psiquiatra americano Lee Cohen, da Universidade de Harvard, mulheres que suspendem o antidepressivo antes da concepção podem ter até 75% de chance de recaída. Em um trabalho publicado em 2006 na prestigiada revista *JAMA – Jornal da Associação Médica Americana*, Cohen apresenta um risco de recaída de 25,6% nas mulheres que continuam tomando antidepressivos, enquanto para aquelas que abandonam tais medicamentos o risco é cerca de três vezes maior (67,7%). Alguns sintomas típicos da gravidez podem gerar confusão, como distúrbios do sono e do apetite, baixa energia e diminuição da libido, presentes tanto em deprimidas quanto em não-deprimidas. Para piorar um pouco mais a confusão, quadros clínicos de anemia, diabetes gestacional e disfunção da tireóide também podem ser confundidos com sintomas depressivos.

O uso de antidepressivos serotoninérgicos (que regulam o neurotransmissor serotonina, como fluoxetina, sertralina, citalopram e paroxetina, entre outros) na gravidez tem prevalência entre 3% e 7% (cálculo provavelmente subestimado).

A depressão não tratada pode ocasionar aumento de complicações obstétricas, como abortamento, parto prematuro ou nascimento do bebê com baixo peso.

Estudos atuais, do tipo caso-controle, revelam dados bastante inconsistentes de malformação congênita relacionada ao uso de antidepressivos serotoninérgicos. Esses dados são muito mais limitados quando analisamos outra classe de antidepressivos: os duais (inibidores da recaptura de serotonina e norepinefrina), como venlafaxina e duloxetina, apesar de haver trabalhos demonstrando que a venlafaxina também não é teratogênica.

Pediatras também se preocupam, com razão, com a "adaptação neonatal pobre", caracterizada por irritabilidade, agitação, tremores e taquipnéia. O risco de hipertensão pulmonar do recém-nascido, embora preocupante, é uma questão não resolvida e, provavelmente, não impeditiva do uso de antidepressivos serotoninérgicos no final da gestação e no pós-parto imediato – quando os riscos da depressão materna justificam.

Há muitas limitações metodológicas nos trabalhos publicados, como o número pequeno de exposições aos antidepressivos, a questão do tempo de exposição (precoce *versus* tardia), além de outros fatores que devem ser considerados quando analisamos a hipertensão pulmonar do neonato, como parto cesariana, raça, índice de massa corpórea (IMC = relação entre peso e altura elevada ao quadrado), entre outros.

Outra área igualmente importante refere-se à teratogênese comportamental. Teriam essas crianças, cujas mães tomaram antidepressivos na gestação, alterações de comportamento, linguagem ou prejuízos de memória? Até o momento, não há trabalhos científicos amplos que embasem essa possibilidade de forma convincente. Na minha experiência clínica, com milhares de mulheres atendidas, nunca notei quaisquer prejuízos no desenvolvimento dessas crianças. Muito pelo contrário. Quando essas mães são privadas de tratamento antidepressivo eficaz e permanecem com depressão pós-parto, sem dúvida ocorrem danos – levando até mesmo a quadros de depressão e ansiedade infantis – pela falta de suporte e vínculo afetivo estruturado entre mãe e bebê, fundamentais para o desenvolvimento da criança.

Desenvolver um guia de tratamento de depressão na gestação é uma das tarefas mais difíceis e complexas. Oriento apenas que sejam observados alguns itens, como: 1) história de doença materna (passada ou presente); 2) todos os profissionais devem dialogar com a paciente e, antes de tudo, respeitar seu desejo de ser mãe; 3) avaliar o status de fertilidade da mulher em questão; 4) conhecer todos os dados de segurança disponíveis; 5) evitar troca de medicamentos; 6) ter o conhecimento básico de que não há contra-indicação absoluta do uso de antidepressivos; 7) minimizar de todas as formas os riscos envolvidos para depressão pós-parto, lembrando dos efeitos adversos dela nas crianças e nos familiares; 8) sempre avaliar a paciente de forma individual, sem generalizações indevidas.

Capítulo 7

ENTENDENDO A DEPRESSÃO PÓS-PARTO

O período pós-parto é claramente definido como um momento de maior vulnerabilidade das mulheres à doença mental. Em um dos mais citados estudos internacionais sobre transtornos psiquiátricos do pós-parto, Kendell e colegas (1987) demonstraram que as mulheres experimentam um aumento dramático do risco de doença psiquiátrica severa nos três meses após o parto.

O puerpério caracteriza-se por se apresentar como uma fase de transformações no âmbito social, psicológico e físico da mulher. De acordo com Kitzinger (*apud* Maldonado, 1997), este é um período que se inicia após o parto, com duração de aproximadamente três meses, embora este seja um assunto ainda controverso e polêmico na literatura científica. No caso de mulheres primíparas, essa fase pode estender-se, uma vez que a inexperiência associada a sentimentos de ansiedade, medo, esperança, entre outros, se somatizam e produzem um quadro de instabilidade ainda maior. Os conceitos de saúde e doença vão estar na dependência direta do nível de envolvimento e discernimento não apenas da paciente, mas de todos os familiares.

Zanotti e colaboradores (2003) afirmam que na fase puerperal, assim como no período pré-menstrual e da perimenopausa, a mulher encontra-se mais vulnerável ao aparecimento de transtornos mentais. Especificamente no pós-parto, suas energias estão direcionadas à proteção e à vulnerabilidade do bebê.

O parto é um momento desencadeador de uma série de mudanças subjetivas e interpessoais. Com o nascimento, essas alterações se processam num ritmo acelerado e em todos os âmbitos, pessoal e familiar. Segundo Maldonado (1997), os primeiros dias após o parto são retratados por uma série de sentimentos e expectativas diversos vivenciados pela mulher, e, por sua vez, a turbulência deles promove uma instabilidade no quadro emocional, que se alterna entre euforia e depressão. Assim, o perfil psicológico da mulher no puerpério caracteriza-se por uma série de reações diversificadas.

Deve-se ressaltar que o sentimento de incapacidade é muito freqüente nas puérperas, uma vez que, em geral, se doam por completo aos cuidados com o bebê e aguardam ansiosas o reconhecimento dos familiares e especialmente da criança, que pode ser demonstrado na figura infantil serena, tranqüila e satisfeita.

A puérpera pode vivenciar com o parto, segundo Kitzinger (*apud* Maldonado, 1997), a sensação de mutilação do seu corpo devido ao processo gravídico, que lhe confere o sentimento de que o feto é parte integrante de si – psicologicamente, o nascimento gera uma deficiência permanente. A turbulência desse fato pode ser acentuada no caso de bebês que nascem com alguma deficiência física. O resultado pode ser traduzido em relações maternais extremamente protetoras, chegando tais mães a terem pensamentos obsessivos (intrusivos e repetitivos) geradores de muita angústia.

Inúmeros fatores podem ser considerados determinantes para um puerpério saudável. Dentre eles, pode-se destacar uma relação familiar harmoniosa e solidária, bem como o desejo da gravidez e seu planejamento pelo casal. O papel do homem nessa fase merece destaque, uma vez que vivencia sensações psicológicas semelhantes às da mulher, e, por sua vez, o direcionamento dos fatos repercutirá de maneira favorável ou não no relacionamento do casal (Maldonado, 1997). Hoje já sabemos que homens podem desenvolver quadros de depressão no período pós-parto (cerca de 4% dos pais), por uma série de papéis alterados e de readaptações na dinâmica do casal geradas pelo nascimento da criança.

Durante o período pós-parto, até 85% das mulheres apresentam algum tipo de distúrbio de humor, mesmo que de leve intensidade e temporário (Henshaw, 2003). Felizmente, a maioria das mulheres experimenta sintomas depressivos leves e transitórios – chamados de *blues* ou *disforia pós-parto*.

A depressão pós-parto (DPP) é um quadro clínico mais incapacitante e persistente de transtorno de humor, que requer acompanhamento psicológico e psiquiátrico. Devido à gravidade dos sintomas, há que se considerar o uso de medicamento – assunto ainda extremamente polêmico e controverso para a população leiga e alguns médicos, por causa dos possíveis riscos para o recém-nascido na fase da amamentação. Porém, também devem ser considerados os riscos que a depressão materna acarreta para o desenvolvimento neurológico, psicológico e afetivo da criança. A interação saudável e construtiva entre mãe e bebê é fundamental para o pleno desenvolvimento e bem-estar da criança.

Embora o DSM-IV (Manual Diagnóstico e Estatístico de Saúde Mental da Associação Psiquiátrica Americana) defina depressão pós-parto como um episódio afetivo que tem início nas primeiras quatro semanas após o parto, outros autores descrevem um período maior. O risco mais alto ocorre no primeiro mês, todavia riscos elevados persistem até o terceiro mês. Em termos operacionais, a Sociedade Marcé, organização internacional dedicada ao estudo de transtornos mentais do pós-parto, considera que a DPP pode se iniciar até um ano após o nascimento da criança.

Nunca podemos perder o foco de que todo ciclo gravídico-puerperal é considerado período de risco para o psiquismo devido à intensidade da experiência vivida pela mulher, experiência esta que pode incidir sobre psiquismos mais ou menos estruturados. Mesmo mulheres com boa organização psíquica podem se ver em situações nas quais a rede social ou os aspectos subjetivos falham. A DPP acomete entre 10% e 20% das mulheres, podendo começar nos primeiros três meses após o parto e perdurar por até dois anos. Mulheres com DPP experimentam, freqüentemente, ruminações intrusivas e obsessivas (Wisner e cols., 1999). Essas obsessões envolvem o bebê e têm natureza violenta (por exemplo, pensamentos sobre sufocar a criança, empurrá-la pela escada ou atirá-la pela janela). É importante frisar que tais mães sofrem muito com esses pensamentos e ficam superpreocupadas com a segurança do bebê. Quero deixar bem claro aos leitores que mamães com pensamentos obsessivos não são psicóticas e jamais cometeriam infanticídios.

Entre os fatores de risco para a DPP temos: a depressão não tratada na gestação, antecedentes familiares ou pessoais de depressão, TPM severa em outros períodos do ciclo reprodutivo, histórico de infertilidade, abortamentos, abusos e negligências infantis, falta de suporte social e familiar, conflitos conjugais, gravidez não planejada, adolescente primigesta, insônia no periparto e estresse elevado (por razões diversas, como luto, malformação do bebê detectada no pré-natal, etc.), além do uso de álcool e drogas na gestação.

Atualmente, há estudos biológicos que, embora não identifiquem níveis hormonais femininos específicos causadores de DPP, estabelecem um fator de vulnerabilidade depressiva, de origem provavelmente genética, que algumas mulheres apresentam às flutuações intensas de hormônios femininos no pós-parto imediato. Nessas pacientes, com ou sem estressores de ordem psicossocial, a biologia pode falar mais alto, ou seja, mesmo mulheres consideradas psicologicamente saudáveis e com boa estrutura social, com nível econômico e cultural adequado, sem conflitos familiares ou conjugais e que planejaram a gravidez, podem ter DPP. Já atendi várias mulheres com este perfil que sentiam muita culpa, ficavam perplexas com a possibilidade de estarem rejeitando o filho tão amado e esperado. Sentiam-se incompreendidas e desacreditadas em suas queixas, sofrendo até agressões verbais e críticas severas. Familiares e colegas médicos não viam motivos para a DPP, uma vez que essas mulheres tiveram uma gravidez sem intercorrências clínicas, extremamente saudável, sem estresse e com prática de atividades físicas e bons hábitos alimentares.

Poucos estudos acessaram, de forma sistemática, os tratamentos farmacológicos da DPP (Dennis e Stewart, 2004). Esses estudos demonstram eficácia da fluoxetina, sertralina, fluvoxamina, paroxetina, venlafaxina e bupropiona (Cohen e cols., 2001; Misri e cols., 2004). As taxas de resposta tiveram variação entre 67% e 87%, e as doses utilizadas foram efetivas e bem toleradas, embora pareça que mulheres com ansiedade associada tenham resposta menos significativa. Há recomendação para que os antidepressivos serotoninérgicos sejam a primeira linha de tratamento da DPP, porém a conduta deve ser guiada pela resposta prévia da paciente a determinado medicamento e pelo perfil de efeitos colaterais. Em mulheres amamentando, a escolha também deve ser afetada pela segurança de tais agentes na cuidadora, sem efeitos sedativos. Os antidepressivos mais antigos, conhecidos como tricíclicos (clomipramina, imipramina, nortriptilina, amitriptilina), que possuem efeito sedativo, devem ser prescritos apenas em mulheres com insônia proeminente.

Mulheres amamentando devem ser informadas de que todas as medicações psicotrópicas, incluindo os antidepressivos, são secretadas no leite materno, cujas concentrações variam muito. O total de medicamento ao qual o bebê é exposto depende de diversos fatores (Llewellyn e Stowe, 1998). Dosagem da medicação, freqüência das doses e taxa do metabolismo são fatores que interferem na quantidade de medicamento do leite materno. O total de medicamento ao qual a criança é exposta também é influenciado pela freqüência e períodos das mamadas. Há dados sobre antidepressivos tricíclicos, fluoxetina, sertralina, paroxetina, citalopram e venlafaxina indicando que a exposição do recém-nascido, aos antidepressivos, pelo leite materno, raramente causa eventos adversos graves (Newport e cols., 2002). Na minha prática clínica, acredito que, se o médico tomar todos os cuidados necessários e conseguir estabelecer um canal de comunicação construtivo e eficiente com pacientes e familiares, os benefícios superam largamente eventuais riscos nos casos de depressão moderada e grave.

O papel das intervenções hormonais no tratamento da DPP ainda não está elucidado. Relatos prévios sugerem que a progesterona pode ser útil para mulheres com DPP (Karuppaswamy e Vlies, 2003), porém esses dados não são confirmados quando analisados sistematicamente. Pelo contrário, há estudos sugerindo que a progesterona piora os sintomas depressivos. Quanto ao estrógeno, outros estudos sugerem que traz benefício, apesar de ser ainda um tratamento experimental, sem confirmação por estudos mais amplos (Ahokas e cols., 2001). Além do mais, o estrógeno não é isento de riscos e leva a alterações na produção do leite materno, bem como está associado ao aumento de tromboses. Como os antidepressivos são seguros e bem tolerados, além de muito eficazes, permanecem como tratamento de primeira linha.

Infelizmente, ainda vivemos em uma época de muitos rótulos quando o assunto é saúde mental. Muitos costumam caricaturar o perfil de quem tem uma doença mental. Alguns nos perguntam: "Como uma mãe pode estar apática, indiferente ou rejeitar o próprio filho, em um momento mágico que muitas mulheres vivenciam¿". Por tais paradigmas, o diagnóstico às vezes acaba sendo tardio. Algumas mulheres me relatam que ficam até envergonhadas de expor seus sentimentos de tristeza e angústia, já que o universo ao redor está amplamente feliz, não havendo lugar, portanto, para tristezas.

A puérpera se beneficia de grupos terapêuticos com os quais possa compartilhar seu sofrimento com outras mulheres em igual situação e sob orientação de um profissional. Também pode ser recomendado atendimento psicológico individual em casos cuja gravidade perturbaria o grupo ou que manifestem preferência por essa modalidade de atendimento. O acompanhamento psiquiátrico é indispensável.

Aparecem sintomas como irritabilidade, mudanças bruscas de humor, indisposição, doenças psicossomáticas, tristeza profunda, desinteresse pelas atividades do dia-a-dia, sensação de incapacidade de cuidar do bebê e desinteresse por ele, chegando ao extremo de se terem pensamentos suicidas e homicidas em relação à criança. Por essa razão, o diagnóstico precoce é fundamental, e para isso é necessário acompanhamento em todo o ciclo gravídico-puerperal, sendo esta a melhor forma de evitar, atenuar ou reduzir a duração da DPP.

Grupos de gestantes têm caráter psicoprofilático e, portanto, ajudam no diagnóstico e tratamento precoces. Em mulheres com histórico de depressão recorrente ou antecedentes de DPP, busca-se instituir a profilaxia pelo uso de antidepressivos, especificamente os serotoninérgicos, no pós-parto imediato.

Essa questão ainda não está clara, porém é consenso que nesses casos há diminuição dos riscos de recaída quando há manutenção da terapia medicamentosa (Altshuler e cols., 2001).

Fazer um *screening* precoce das mulheres de risco para DPP é uma das tarefas mais complexas. Muitos dos sintomas relatados por tais pacientes, como distúrbios do sono e do apetite, perda da energia e diminuição da libido, também são observados em mulheres não-deprimidas durante o período do pós-parto, principalmente naquelas cujas crianças exigem grande atenção e demanda, são agitadas, choram estridentemente e querem mamar a todo instante. Entretanto, certos sintomas, incluindo ideação suicida, culpa e anedonia (perda de prazer ou interesse por atividades cotidianas), podem servir para distinguir mães depressivas das não-depressivas.

Caso clínico n.1

Clara (nome fictício), 32 anos, segunda gestação, procura-nos, pois está deprimida desde a última gravidez, ocorrida há três anos. Desde que teve confirmada a gravidez, encontra-se mais prostrada e ansiosa. Não tratou o quadro depressivo antes, pois se sentia envergonhada. A sogra assumiu as tarefas com o primeiro neto. O marido se afastou por achá-la "preguiçosa" e "egoísta". Ela foi encaminhada pelo atual ginecologista. Desde então, vem sendo medicada e acompanhada em psicoterapia. Participou de atividades de grupo com outras gestantes e sentiu-se muito compreendida ao ouvir depoimentos semelhantes aos seus, mesmo que menos graves. O trabalho com a família mostra-se proveitoso. Atualmente, Clara busca reaver seu lugar junto à prole, consciente de que precisará de ajuda para cuidar dos filhos, mas que isso não é motivo de vergonha.

***

No caso da psicose puerperal (PP), encontramos perda do senso de realidade, perplexidade, delírios, alucinações (por volta de 0,2 % dos casos). É considerada uma emergência psiquiátrica. Quando a paciente tem o diagnóstico de transtorno bipolar do humor (TBH) ou antecedentes familiares desse distúrbio, a chance de um transtorno mental grave como a PP aumenta para 256/1.000 nascimentos. Não é recomendável aleitamento, e a internação psiquiátrica é fundamental. Nos transtornos psíquicos mais graves há que se acionar a rede social da gestante antes do nascimento, para que alguém se incumba de responder às necessidades emocionais do bebê. Para a mulher em surto, o bebê não existe como tal. Passa a ser espaço vazio preenchido por elementos do psiquismo da mãe, cindidos do real. Por vezes, as fantasias são ocultadas pela paciente, pois ela se encontra em delírio paranóide, que inclui todo o *staff* que dela se ocupa. Os parentes precisam ser alertados, pois há risco de morte para mãe e filho. Muitas gestantes normais trazem fantasias persecutórias em relação ao roubo do bebê ou medos infundados. Isso é esperado e não corresponde ao quadro psicótico, mas apenas a uma projeção nos outros de suas próprias fantasias ambivalentes. No caso da psicose, a angústia é insuportável, podendo aparecer rituais e pensamentos desconexos. Um histórico psiquiátrico com surtos anteriores traz fortes indícios de risco nesses casos. O tratamento da PP é empírico; há poucos estudos científicos. O tratamento agudo é feito com estabilizadores de humor e medicamentos antipsicóticos. Apesar de todo preconceito e desinformação, na prática a ECT (eletroconvulsoterapia) – popularmente conhecida como "eletrochoque" –, realizada em instituições sérias e com rigorosos cuidados anestésicos, cardiológicos e neurológicos, é bem tolerada e rapidamente efetiva. Falhas ou atrasos no tratamento da PP oferecem sérios riscos tanto à mãe quanto ao bebê (suicídio, infanticídio). Estima-se que as taxas de infanticídio, em psicoses puerperais não tratadas ou subtratadas, sejam da ordem de 4% (d'Orban, 1979).

Caso clínico n.2

Paula (nome fictício) me procurou, encaminhada pelo ginecologista, para entrar no grupo de gestantes. Primigesta, 30 anos, seis meses de gestação, Paula, cuja gravidez transcorre sem dificuldades físicas, apresenta um delírio de contaminação – tem medos relativos à saída do bebê.

Tudo que lê em revistas serve para alimentar seu delírio obsessivo e paranóico. Não recomendamos atendimento grupal neste caso, nem qualquer tipo de orientação de parto, pois todo o uso que ela faz de informações recebidas é pernicioso. Por exemplo, se Paula lê sobre a contaminação da carne bovina em outro país, imediatamente pára de comer carne. Ela recebe atendimento psicanalítico e psiquiátrico. Recomendamos um acompanhamento de orientação aos familiares e uma acompanhante treinada na hora do parto.

O que distingue a DPP da tristeza materna (*baby blues*, *post-partum blues*) são a gravidade do quadro e o que ele tem de incapacitante, afetando a funcionalidade da mãe e pondo em perigo seu bem-estar e o do bebê. Além da evidente necessidade de cuidados da mulher, a DPP é fator de risco para a saúde mental do bebê, e, portanto, requer toda a nossa atenção.

Culturalmente, a maternidade é vista de forma idealizada, e qualquer afeto negativo da mãe em relação ao bebê é julgado como algo impensável. Na psicanálise, o tema "ódio materno" foi suplantado pela interpretação de que somente os filhos seriam capazes de odiar os pais, por rivalidade do mesmo sexo (o famoso complexo de Édipo). Até para Freud, lidar com esse assunto mostrou-se tarefa espinhosa, e só em seus escritos finais ele pôde confrontar-se com esse mito: da mãe capaz de odiar o próprio filho. Existe um tabu em relação ao tema "gestação e depressão", como se a mulher devesse estar radiante pelo nascimento do filho e fosse culpada de uma espécie de "ingratidão", pois "tem tudo e mesmo assim sofre". Nessa visão, o sofrimento de uma mãe de bebê recém-nascido seria decorrente da incapacidade de dar valor ao "milagre da maternidade". O senso comum tende a esconder a real natureza da tarefa de vir a ser mãe.

O processo de transformação psíquica pela qual uma mulher precisa passar no ciclo gravídico-puerperal envolve três grandes momentos, que englobam pequenas etapas vividas de forma diferente para cada sujeito. A transformação da filha em mãe, a transformação da auto-imagem corporal e a relação entre a sexualidade e a maternidade. Cada um desses temas requer uma reordenação psíquica que incide sobre as vicissitudes de cada mulher. A mentalidade de que a chegada de um filho é isenta de ambigüidade tende a dificultar o auxílio que essas mães precisam receber. Algumas mulheres não conseguem admitir para si mesmas que merecem ajuda, escondendo seu estado do cônjuge e da família.

A tristeza materna (*baby blues*), por sua vez, acomete até 85% das mulheres, mas por causa do tabu supracitado pode-se imaginar um índice até maior. Trata-se de um estado de humor depressivo que costuma acontecer a partir da primeira semana depois do parto e tem duração limitada. Esse humor é coerente com a enorme tarefa de elaboração psíquica citada anteriormente (transformação da filha em mãe, transformação da autoimagem corporal, administração da relação entre sexualidade e maternidade). De forma geral, a mulher sente que perdeu o lugar de filha, sem que tenha ainda segurança do papel de mãe; que o corpo está irreconhecível, pois, se já não é mais de uma grávida, tampouco retomou a forma original; que entre ela e o marido se encontra um terceiro elemento. O bebê emerge como outro ser humano aos olhos da mãe e precisa encontrar espaço na configuração anterior (casal), de modo que deixe preservada a sexualidade dos pais. Forma-se o triângulo que remete o casal às suas próprias questões com os pais. O quadro é benigno, na medida em que estas questões podem ser elaboradas, e regride por si só, por volta do primeiro mês.

Aparecem sintomas como irritabilidade, mudanças bruscas de humor, indisposição, tristeza, insegurança, baixa auto-estima, sensação de incapacidade de cuidar do bebê, entre outros. Apesar de ser comum e "normal", essa situação envolve uma quantidade razoável de sofrimento, que pode ser atenuado no compartilhar com outras pessoas que entendam essa condição como natural e até mesmo benéfica.

Benéfica, como? Existe um estado denominado *preocupação materna primária,* que se refere a um período que vai do fim da gestação até em torno do primeiro mês do bebê, em que a mulher teria uma hipersensibilidade às necessidades da criança. Esse estado tão necessário, caso fosse vivido fora da maternidade, seria considerado esquizóide e, no entanto, é fundamental para a vinculação com a criança. Faz parte desse estado certa dose de humor depressivo. A tarefa de uma mãe de bebê é monótona, desgastante e sem recompensas ou reconhecimento do bebê, em curto prazo. O bebê é impiedoso em suas necessidades, e é difícil de a mãe poder atendê-lo se esta estiver num estado de agitação maníaca, por exemplo. Recebemos na clínica mães cujo estado de agitação interfere no manuseio do bebê, que tendem a acordá-lo desnecessariamente, pois interpretam o ritmo da criança como lento demais (entenda-se mórbido), mas, na realidade, sua aceleração as impede de interpretarem a demanda do filho como normal. Uma mãe em mania tende a manter o bebê em constante sobressalto. Para ser capaz de se adaptar à rotina de um bebê e à sua linguagem, a mãe tem que baixar muito as expectativas com relação à própria privacidade e à agitação do mundo externo. Essa tarefa não encontra similar ao longo da vida de uma mulher e se inicia subitamente.

A perda do status de gestante é muito rápida e dolorosa. Reconhecer o bebê como pessoa, e não como imagem idealizada (que precisa ser construída na gestação como forma de desejar o bebê), é como lidar com um casamento arranjado: mesmo que tenhamos as melhores indicações do noivo, ainda assim não o conhecemos e, no entanto, ficaremos ao seu inteiro dispor.

Precisamos estar atentos às mães que vêem no parto uma coisa em si, com o "pequeno inconveniente" de ter que criar o filho depois. Atualmente, temos visto um "culto ao parto", uma verdadeira idealização do momento, que, afinal, é apenas uma das etapas da tarefa infinitamente maior: criar um ser humano. Tarefa esta sem paralelo, pois nos obriga a planejar uma existência para além da nossa própria.

O parto tem revelado uma faceta de bem de consumo, sujeito a modismos. Encontramos na clínica de acompanhamento do ciclo gravídico-puerperal uma ênfase muito grande nos tipos de parto, sem, por exemplo, qualquer consideração sobre o alojamento conjunto. Em alguns momentos, consideram-se prioridades a filmagem do parto, a decoração da maternidade, e não o bebê . Às vezes, é só a partir da primeira semana que essas mães começam a ser dar conta de que o "outro" chegou à sua vida.

Caso clínico n. 3

Maria (nome fictício), 17 anos, foi internada, primigesta de sete meses, porque sente a gravidez como forma de adquirir status de mulher perante a mãe extremamente dominadora. Encontra-se surpreendentemente despreocupada com a tarefa de cuidar de um bebê, ainda que em condições socioeconômicas bastante precárias. O prognóstico de formação de vínculo é pouco favorável, pois no imaginário de Maria ainda não existe um bebê. A partir do trabalho de acompanhamento, ela vai saindo de sua alienação e entrando num humor depressivo. Dentro desse estado, passa a refletir sobre a real tarefa que a espera e sobre as necessidades de seu bebê. O trabalho ajudou-a a criar um espaço psíquico para a chegada do filho, onde antes só havia tentativa de rebeldia em relação à própria mãe.

Na clínica, encontramos muitas adolescentes que, apesar de terem acesso aos métodos de contracepção, acabam engravidando numa tentativa inconsciente de adquirir status de adulta e escapar do dilema criança/adulto próprio dessa fase da vida. Observamos também, ainda de forma surpreendente nos dias de hoje, o binômio casamento–gravidez como símbolo de realização social, o que nem sempre vem acompanhado de um desejo real de lidar com a abnegação necessária para cuidar de outro ser humano.

O que as pessoas próximas podem fazer diante do humor depressivo que comumente se apresenta no pós-parto? Primeiro, a família pode ajudar sendo compreensiva e apoiando a mãe nesse momento único, sem cobrar atitudes idealizadas pela mídia, que tende a glorificar o papel da mãe e tratar o humor depressivo da mulher como patologia. Basta vermos as propagandas e matérias veiculadas nos meios de comunicação que encontraremos a mãe que amamenta sem dificuldade ou desconforto, sentindo-se realizada, completa e linda. No entanto, o que a mãe de um recém-nascido menos sente é completude. Uma gestante pode sentir-se assim, e é o que se espera em algumas fases da gestação. Já a mãe de bebê vive exatamente o oposto, a incompletude, o vazio da barriga, a separação. Ela precisará de um tempo até que possa preencher esse espaço. É necessário todo apoio e compreensão para que a mãe "recém-nascida" saiba que não há nada errado com ela. Ser aceita em sua natureza de mãe ajuda muito a diminuir o mal-estar, encurtando o *baby blues* drasticamente.

O nascimento de um bebê tende a ser visto pela comunidade que o cerca com grande alegria, e isso é o melhor que se pode esperar. No entanto, nem sempre essa alegria repercute de forma positiva para a mãe. Que triste paradoxo! Muitas vezes, um único telefonema do profissional de saúde que atende a mulher pode ajudá-la a compartilhar sua decepção ou seus medos sem se sentir culpada. Vemos como isso tem efeito benéfico sobre as mães. Em casos benignos, esse procedimento simples pode ter grande efeito psicoprofilático. Para isso, é importante que as pessoas que lidam com a mãe recebam esclarecimento sobre a natureza do estado dela.

Afinal, onde se perdeu a sabedoria há que se buscar informação. Como profissional, tenho o dever de esclarecer as pacientes sobre as diferenças entre DPP e tristeza materna e de fazê-las conhecer os fatores de risco que aumentam a probabilidade de uma DPP (facilitando a observação da evolução de humor da gestante) para poder intervir precocemente, o que melhora muito o prognóstico. Algumas mães que não ficam deprimidas podem não ter percebido o "outro" e continuar estabelecendo uma relação totalmente narcísica com seu bebê. Esses bebês tendem a se fazerem ouvir por meio de sintomas psicossomáticos, iniciando um ciclo de adoecimentos. As somatizações do recém-nascido não devem ser subestimadas no que dizem respeito à relação mãe–bebê. Se, por um lado, a somatização é o meio fundamental pelo qual o bebê sinaliza o desconforto psíquico, por outro, não podemos esquecer que este desconforto se estabelece na relação com as pessoas que cuidam dele e reflete o desconforto psíquico da mãe, na grande maioria das vezes.

Caso clínico

Ivone (nome fictício), 23 anos, primigesta, cujo bebê estava com trinta dias quando nos procurou, relata a reação de desespero de seu bebê ao ser colocado para deitar no carrinho ou "longe do corpo", mesmo para um passeio diurno, o que a obrigava a mantê-lo permanentemente sustentado por um adulto. Ivone encontrava-se visivelmente extenuada, pois dormia com o bebê sobre o ventre desde o nascimento. Ela encarava a situação de forma ambivalente, pois se sentia culpada em deixá-lo deitar no carrinho, mas, ao mesmo tempo, não conseguia mais permanecer nessa tarefa. Lembrou-se de que durante o parto sentiu-se triste na hora de fazer força no período expulsivo. A partir desta reflexão, ela foi percebendo sua dificuldade em aceitar a separação do bebê de seu corpo e a culpa por ter "expulsado" o filho de si mesma.
O bebê respondeu à elaboração psíquica da mãe, que claramente mudou de postura, "aprendendo" a dormir no carrinho sem sofrimento e, mais tarde, no berço.

Algumas mulheres podem encontrar uma medida excelente entre todas as transformações exigidas pela maternidade e acabam por ter um quadro muito suave no pós-parto, quase imperceptível. Ser multípara ou ter ao lado outras mulheres que já passaram pelo *baby blues* pode ter efeito atenuador. Com o tempo, o psiquismo se encarrega de fazer a seleção das memórias mais gratificantes, deixando os momentos difíceis caírem no esquecimento.

Capítulo 8

A MULHER E A TRANSIÇÃO: O CLIMATÉRIO

Climatério é uma palavra de origem grega que significa período de crise ou de mudança. Na mulher, ele se estende dos 40 aos 65 anos e corresponde à passagem entre a vida reprodutiva e a senescência.

É comum confundir-se o termo climatério com transição menopáusica, perimenopausa e menopausa, que não são sinônimos. A perimenopausa inicia-se no período da transição menopáusica – por volta dos 45 anos de idade, cerca de cinco anos antes do início da menopausa –, caracterizado por flutuações hormonais, irregularidades menstruais, sintomas físicos (palpitações, sudorese e tonturas), sintomas vasomotores (fogachos ou ondas de calor) e alterações de humor (tristeza, choro, irritabilidade, pensamentos negativos, desânimo, fadiga, cansaço, perda do interesse ou prazer pelas questões do dia-a-dia), perdurando até doze meses após a última menstruação.

Já a menopausa corresponde apenas ao período em que a mulher fica doze meses sem menstruar (amenorréia), descartados todos os fatores orgânicos possíveis, e ocorre por volta dos 50 anos de idade devido à falência ovariana. Menopausa é, portanto, um diagnóstico retrospectivo.

O termo menopausa só apareceu no século XIX (pelo menos na língua inglesa) e tem sido freqüentemente usado como sinônimo de climatério. Exceto a partir da primeira década do século XX, assim mesmo por segmentos minoritários da sociedade, e não por todos os médicos, ambos são sempre empregados com conotação negativa (na verdade, o climatério só começou a ser estudado amplamente e mais bem compreendido neste século).

Hipócrates, além de outros autores da Antiguidade, já fazia referência ao mau prognóstico que cerca as mulheres que apresentam os atualmente chamados sangramentos pós-menopáusicos. A medicina árabe, que recolheu todo o legado clássico e editou numerosos tratados de ginecologia, obstetrícia e sexologia, não faz referências relevantes ao climatério. E do obscurantismo da Idade Média não nos chega qualquer texto concreto sobre o assunto.

Foi Graaf, no século XVIII, o primeiro a enfocar o período climatérico de maneira significativa, ao descrever em seu célebre tratado sobre a reprodução o desaparecimento dos mecanismos reprodutores nesta fase.

Em 1780, o dicionário da Real Academia, na Espanha, não consignava a palavra menopausa, mas trazia o verbete climatério: *el año tenido supersticiosamente por acaso. El tiempo enfermo por el temperamento o peligroso por sus circunstancias. Se está climatérica cuando se tiene oral humor.*

Durante o século XIX e até mesmo nos princípios de nosso século, os autores que enfocam o período climatérico o fazem quase sempre apenas do ponto de vista patológico e, com freqüência, superpõem a ele patologias orgânicas advindas simplesmente do passar da idade.

Para o vulgo, até hoje, principalmente nas camadas socioeconômicas mais desprotegidas, menopausa (climatério) é, em geral, algo a se temer, uma patologia, quase sempre referido o período como "a idade crítica".

Referimo-nos a esta conotação negativa do climatério, da menopausa, porquanto a sexualidade da mulher poderá sofrer alterações (às vezes enormes) advindas unicamente de fatores psicológicos e socioculturais.

Por outro lado, é fato singular, também na espécie humana, que o coito é praticado independentemente da reprodução (incluindo durante a gravidez!), não sendo necessário, como nas outras espécies, que a fêmea esteja no período fértil para que homens e mulheres exerçam sua sexualidade – o que fazem a vida toda. A sexualidade no ser humano se extingue apenas com a morte do indivíduo. No ser humano, com sua evolução e conseqüente corticalização, o sexo deixa de ser necessidade puramente biológica, para ser também (e principalmente) necessidade psicológica.

Estar próxima dos 40 anos pode significar decadência ou, então, pelo lado construtivista, o início de uma vida jovial, interessante e dinâmica. Hoje, sabemos pelo IBGE que a expectativa de vida para as mulheres brasileiras é de 74,1 anos. Esse dado, apesar de animador para algumas, pode significar um sofrimento terrível durante o climatério, caso não haja investimento na qualidade de vida. Viver com qualidade é o sonho das mulheres.

O problema é que muitas se concentram apenas nos fatores geradores de estresse, esquecendo-se dos recursos internos para lidar com as atribulações, o que leva a demandas impossíveis que causam a exaustão, ou *burnout*, estágio final do estresse e início da depressão.

Nas culturas às quais mulheres de meia-idade são valorizadas e têm expectativa positiva em relação ao período do climatério, os sintomas são menos abrangentes e intensos. Os sintomas psíquicos climatéricos são caracterizados por tristeza, desânimo, cansaço, falta de energia, depressão, mudanças do sono e do apetite, ansiedade, irritabilidade, insônia, diminuição de atenção, concentração e memória, além da diminuição da libido, entre outros. As respostas sexuais humanas, como demonstraram de maneira brilhante William Masters e Virginia Johnson (1979), sofrem mudanças fisiológicas com o passar da idade.

Considerando-se o conceito (mais útil para uma visão clínica e prática) de natureza bifásica da resposta sexual proposta por Kaplan (1990), alterações ocorrem fisiologicamente nas fases de excitação e orgasmo com o avançar da idade. Tais alterações foram bem demonstradas por Masters e Johnson. De maneira resumida, podemos dizer que, na fase de excitação, o aumento vasocongestivo no tamanho das mamas se torna mínimo ou desaparece, a elevação geral da tensão muscular é menor, há menor expansão da vagina e menor engrossamento vasocongestivo dos pequenos lábios, além de a lubrificação vaginal ser mais lenta. Na fase orgástica, o número de contrações rítmicas vaginais é menor, ocorrendo o mesmo com as contrações retais.

A longo prazo, o déficit estrogênico contribui também para alterações muito importantes no metabolismo lipídico e ósseo, principalmente.

Carl Jung (1875-1961) referia-se às depressões que ocorriam tanto nos homens quanto nas mulheres por volta da meia-idade (Mori, 2002). Segundo o autor, essa fase tem início com uma mudança modesta e sutil, muitas vezes despercebida. Às vezes, uma transformação lenta do caráter da pessoa; outras, traços esquecidos da infância voltam à tona. Antigas inclinações e interesses habituais começam a diminuir e são substituídos por novos. Com muita freqüência, os princípios que até então norteavam a vida da pessoa se modificam radicalmente. Da mesma forma como não conseguiram se libertar da infância, também agora os adultos se mostram incapazes de renunciar à juventude. Temem os pensamentos sombrios da velhice que se aproximam, além de tarefas desconhecidas e perigosas, sacrifícios e perdas que não têm condições de assumir.

Os psicanalistas Erik Erikson e Joan M. Erikson (1998) descreveram o processo de desenvolvimento humano como sendo marcado por oito estágios básicos e composto de tarefas evolutivas. Cada um desses períodos, caracterizados por conflitos diferentes, deve ser resolvido pelo indivíduo que o vivencia. Cada estágio apresenta tanto aspectos positivos quanto negativos e é marcado por crises emocionais percebidas como inevitáveis. Se enfrentadas com sucesso, mais saudável será o desenvolvimento (Mori, 2002). Quando a crise é resolvida, a mudança de personalidade se estabelece, fazendo com que o indivíduo esteja pronto para enfrentar o estágio seguinte. Dessa maneira, cada período da existência adulta exige reorientação e reorganização do psiquismo. A crise da meia-idade caracteriza-se pela antítese generatividade *versus* estagnação. O pólo positivo do conflito pode ser sintetizado por atitudes criativas, na "geração de novos seres, produtos e idéias, incluindo uma espécie de autogeração relativa ao desenvolvimento adicional da identidade" (Erikson e Erikson, 1998, p. 59). Falhas na generatividade podem significar estagnação pessoal, mascaradas por diferentes aspectos atitudinais nem sempre perceptíveis (Mori, 2002).

Jung (1931), Lidz (1983), Erikson e Erikson (1998) e Margis e Cordioli (2001) enfatizam que a vivência da meia-idade é experimentada como crise pessoal, cujos conflitos são inevitáveis. No entanto, o reconhecimento de que as primeiras experiências infantis são constitutivas e determinantes na vida do indivíduo e de que o ambiente facilitador é fundamental para sua sobrevivência e estruturação psíquica (Winnicott, 1990) também ajuda a compreender o modo singular de lidar com essa etapa de vida (Mori, 2002).

O evento da menopausa, caracterizado por aspectos biológicos, psicológicos e socioculturais, exige alguns remanejamentos da estrutura psicológica da mulher de meia-idade. Qualquer que seja a influência exercida pela transformação do sistema endócrino sobre todo o quadro psicossomático, "não há dúvidas de que a subordinação das reações psicológicas ao declínio orgânico é uma das tarefas mais difíceis da vida de uma mulher" (Deutsch, 1960, p. 415).

Segundo Mankowitz (1986), o tema da menopausa começou a se tornar relevante para a ciência médica a partir de 1980, com o crescimento da circulação dos hormônios pelos laboratórios farmacêuticos. O desconhecimento de seus aspectos tem contribuído para que muitas mulheres iniciem a meia-idade com certa perplexidade e estranhamento em relação a si. De fato, a maioria dos textos sobre a menopausa foi escrita por mulheres que estavam vivenciando a própria meia-idade – profissionais da saúde, como médicas, psicólogas, psicanalistas, enfermeiras – e se interessaram pelo tema devido à quase inexistência de publicações. Autoras como Ann Mankowitz, M. M. Faria, Dagmar Ramos, Selma Ciornai, Eliane Marraccini, A. M. Furtado, Rina Nissim e Maria José de Oliveira Araújo estão entre tantas outras pesquisadoras que desenvolveram estudos científicos a fim de compreenderem melhor o que pensam e sentem as mulheres de meia-idade (Mori, 2002).

O desconforto físico pode predispor a reações psicológicas que se manifestam sob a forma de impaciência, irritabilidade e sentimentos de raiva. Ramos (1998) e Greer (1994) alertam para o fato de a menopausa ser vista como doença, quando, na verdade, se trata de mais uma etapa natural do ciclo reprodutivo feminino. E, segundo essas autoras, esse momento de crise deve ser visto como oportunidade de crescimento e reavaliação. Opções passadas, atuais e futuras podem ser reconsideradas sob o prisma de novas necessidades.

Assim, apesar de o corpo feminino ser fortemente marcado pelo ciclo biológico-reprodutivo, o destino da mulher não pode ser reduzido à fisiologia humana. A ausência definitiva da menstruação é o "visível" que pode esconder questões "invisíveis". A história de vida da mulher (seu passado) pode, nesse momento, encontrar espaço para se expressar, exigindo muito dos próprios recursos psicológicos para que algum sentido na vida possa ser alcançado. Além disso, o contexto psicossocial caracteriza-se por demandas que intensificam as reações emocionais. Aposentadoria, saída dos filhos de casa, pais idosos, relação conjugal muitas vezes desgastada – podendo culminar na separação – e viuvez são alguns eventos possíveis de serem enfrentados na meia-idade feminina. A mudança nos papéis sociais é acompanhada pela desvalorização estética do corpo, que sinaliza a finitude. O processo de envelhecimento tem sido vivido como uma experiência ainda mais dolorosa devido aos preconceitos sociais em relação ao envelhecer feminino. Sabe-se que as transformações corporais previstas causam impacto na auto-imagem feminina e potencializam um sofrimento psíquico segundo a visão de cada sociedade em relação à mulher de meia-idade (Faria, 1995).

As perdas inerentes ao ciclo vital estão intensificadas pelo contexto sócio-histórico que se apresenta à mulher de meia-idade contemporânea: o de negar o envelhecer. Cresce a busca de alternativas corretivas propiciadas pelas ciências médicas, como as intervenções cirúrgicas, os tratamentos dermatológicos, os complementos dietéticos e o emprego de horas de exercícios em academias de ginástica. Caso não sejam suficientes, os antidepressivos e os ansiolíticos prometem dar conta de resolver os conflitos existenciais, que, no limite, se manifestam por meio de uma sintomatologia depressiva.

Neri (2001b) aponta para o fenômeno da qualidade de vida e para a "feminização da velhice" como uma preocupação recente de demógrafos, geriatras e gerontólogos. De fato, segundo Goldani (1999), destaca-se um modelo cruel de desigualdades históricas no que diz respeito às diferentes oportunidades e restrições populacionais, sendo o gênero uma das categorias em questão. Segundo estas autoras, a expectativa de maior longevidade das mulheres não é acompanhada de boas condições de vida. Ser mulher significa ter aumentado o risco de doenças com o passar da idade: fatores biológicos, estilo de vida, histórico de saúde e doenças, pobreza, baixa escolaridade e isolamento social têm afetado significativamente a saúde mental e física da população feminina (Mori e Coelho, 2003).

É preocupante a visão defendida por alguns profissionais da saúde, segundo a qual cabe unicamente ao médico a responsabilidade de tratar a menopausa. Sabemos que a formação desses profissionais se restringe aos aspectos fisiológicos do organismo, cujas ações corretivas contam com produtos da indústria farmacêutica. Tem-se a idéia de que todos os sintomas necessitam ser removidos pela medicalização. A visão da menopausa como síndrome climatérica (Fechtig, 2000) tem contribuído para que os sintomas sejam "tratados". Esta visão reducionista pode prejudicar a compreensão sobre a mulher de meia-idade (Mori e Coelho, 2003).

De acordo com Freud, os sintomas têm sua etiologia nos conflitos intrapsíquicos. Surgem pela frustração, em conseqüência da qual a libido, impedida de encontrar satisfação, é forçada a procurar outros objetos e caminhos. A questão é que estes suscitam "a desaprovação de uma parte da personalidade, impondo um veto que impossibilita o novo método de satisfação tal como se apresenta" (Freud, 1976, p. 408). Dessa maneira, os sintomas psíquicos, causadores de desprazer e sofrimentos, ocasionam um dispêndio energético, podendo resultar na paralisação da pessoa diante de todas as tarefas importantes da vida.

Na atualidade, a medicina tem conceitos e descobertas interessantes que precisam ser considerados durante o climatério. Ignorar esses avanços biológicos é ter uma visão míope das complexidades desse período. As mulheres que sofrem de uma forma acentuada de TPM – transtorno disfórico pré-menstrual ou disforia pré-menstrual – e de depressão pós-parto têm mais chances de ter depressão no climatério, bem como aquelas com grande desconforto físico causado pelas ondas de calor.

Sintomas físicos e psíquicos profusos podem antecipar o início da menopausa. Algumas mulheres também são mais sensíveis às flutuações hormonais típicas do período da perimenopausa. Estudos comunitários e observacionais prospectivos sugerem que a transição menopáusica é um período de aumento da vulnerabilidade para o desenvolvimento de depressão. Entre tais estudos, destaca-se o Harvard Study of Moods and Cycles, realizado pela Universidade de Harvard, nos Estados Unidos.

Sabemos que o estrógeno tem efeitos múltiplos em sistemas de neurotransmissão (serotonina, noradrenalina, etc.) e em regiões cerebrais envolvidas na depressão, na memória e nos sintomas vasomotores (ondas de calor). Isso pode levar algumas mulheres vulneráveis, durante períodos de intensas flutuações hormonais, a apresentarem uma desregulação funcional dessas regiões cerebrais envolvidas.

Um estudo recente – que ilustra a importância do estrógeno para a preservação da memória, por exemplo –, bem conduzido por pesquisadores da Clínica Mayo, nos Estados Unidos, e publicado na conceituada revista científica *Neurology*, acompanhou 1.489 mulheres que foram submetidas à cirurgia de retirada de um ou dois ovários, comparadas a 1.472 mulheres do grupo de referência. O risco relativo para o desenvolvimento de dificuldades cognitivas ou mesmo de demência no grupo das mulheres sem ovários foi de 1,5. Quanto mais cedo a cirurgia havia sido realizada, maior a chance. Mulheres com menos de 38 anos tinham uma chance três vezes maior. Outro aspecto interessante é que as mulheres com menos de 48 anos que receberam estrógeno até pelo menos os 50 anos não tiveram risco de aumento de déficits cognitivos.

Muitas leitoras podem pensar que estou fazendo apologia à terapia estrogênica. Definitivamente, essa não é minha intenção ou conduta, até porque o estrógeno só deve ser reposto quando o médico ginecologista faz ampla avaliação clínica individualizada da paciente. Há contra-indicações relativas ou absolutas que precisam ser avaliadas caso a caso – e também porque outros vários estudos bem controlados não encontraram quaisquer benefícios da reposição estrogênica na melhora da memória, principalmente em mulheres na pós-menopausa.

Este é um assunto ainda controverso, apesar de todas as ações estrogênicas benéficas sobre o sistema nervoso central demonstradas em experimentos com animais.

A terapia hormonal (TH) tem sido largamente utilizada como forma de prolongar a disposição física, a sexualidade e o aspecto jovial da mulher de meia-idade. A mídia tem divulgado declarações de usuárias que corroboram esta idéia: mulheres que afirmam se sentir melhor depois que iniciaram tratamento com hormônios sintéticos. No entanto, há controvérsias sobre a conveniência e adequação de seu uso, que deve ser ponderado. Se, por um lado, as indicações de utilização dessa terapêutica podem ajudar no bem-estar geral e até no tratamento de osteoporose, por outro pesquisas norte-americanas recentes, citadas por Kolata (2002), demonstram quão perigoso pode ser para a vida da mulher. Alguns hormônios sintéticos usados por um período de tempo prolongado em mulheres de grupos de risco podem levar ao crescimento do número de casos de câncer de mama e de útero. Isso não contra-indica TH jamais, porém tal conduta sempre precisa ser analisada individualmente.

Os médicos falam muito em "janelas de oportunidades" para a ação estrogênica. Sem dúvida, os efeitos positivos do estrógeno na depressão, por exemplo, são evidentes na perimenopausa, e não na pós-menopausa. Algumas estratégias hormonais, quando indicadas no momento correto e respeitando a individualidade da paciente, podem ser úteis para o tratamento de sintomas depressivos e somáticos relacionados ao período da menopausa. Estratégias não-hormonais associadas são fundamentais para tratar aqueles sintomas somáticos (dores pelo corpo, por exemplo) que podem não ter benefícios apenas pela terapia estrogênica direta. A associação entre terapias hormonais e antidepressivos pode ser benéfica em muitas pacientes. Embora as pesquisas apontem que as mulheres, como grupo, respondem melhor aos antidepressivos serotoninérgicos (fluoxetina, sertralina, citalopram, escitalopram e paroxetina), em mulheres de meia-idade, com mais de 50 anos, isso não se comprova pelos estudos atuais. Há uma ampla superioridade de resposta nesse subgrupo de mulheres deprimidas, com ou sem terapia de reposição hormonal, aos antidepressivos duais (que regulam os neurotransmissores serotonina e noradrenalina) como a venlafaxina e a duloxetina.

Os antidepressivos, apesar de muito importantes, não são uma panacéia dessa travessia climatérica para todas as mulheres. Muitas podem aceitar a recomendação dos antidepressivos com a crença de que a medicalização é a única forma de resolver os sintomas psíquicos, eliminando "a palavra" nos espaços terapêuticos. A "fala" pode ser calada pelos psicotrópicos (Roudinesco, 2000).

Quando a depressão é diagnosticada durante a "janela menopáusica", é fundamental termos o conceito de que os antidepressivos podem ter eficácias diferentes ao longo das questões envolvendo gênero e idade. Entre os fatores de risco para a depressão e piora da qualidade de vida das mulheres nesse ritual de passagem, nunca podemos nos esquecer dos fogachos e distúrbios do sono – "gatilhos" poderosos.

O contexto e os hábitos de vida dessas mulheres devem ser analisados individualmente. Alimentação inadequada, sedentarismo, ausência de lazer, aposentadoria precoce, relacionamentos conflitantes e todo o histórico de vida devem ser considerados. Mulheres com expectativas mais positivas em relação ao envelhecer tendem a ser menos sintomáticas e a adotar hábitos de vida saudáveis, investindo no equilíbrio físico e mental. O conceito da eterna juventude deve ser questionado construtivamente – há forte imposição social e midiática neste aspecto.

O ideal é sempre a prevenção, com cuidados que envolvam as mudanças comportamentais e cognitivas necessárias. Quando os sintomas se tornam significativos para a vida feminina, deve ser procurado um médico. Medidas simples e úteis incluem o combate ao estresse – através de técnicas de relaxamento corporal –, mudanças de atitudes e comportamentos – com psicoterapia cognitivo-comportamental ou interpessoal –, atividades físicas aeróbicas e dietas equilibradas. Quando o estresse evolui para um quadro depressivo, a psicoterapia, o tratamento hormonal e o uso de antidepressivos são importantes e devem ser encarados com naturalidade e livre de preconceitos, sem, com isso, "patologizarmos" a menopausa.

Como vimos, o momento da meia-idade feminina apresenta desafios biopsicossociais, fazendo com que a história pessoal seja colocada em questão. A mulher madura só conseguirá responder adequadamente a essa situação caso encontre um lugar onde suas queixas possam ser trabalhadas, elaboradas pela "fala". Daí a importância de um acompanhamento psicológico e psiquiátrico para a saúde mental da mulher de meia-idade. No entanto, cresce o número da oferta de remédios que prometem dar conta dos sintomas psíquicos.

Como consumidores, precisamos estar sempre atentos no que diz respeito às ofertas milagrosas de bem-estar. Temos de nos *cuidar*, sendo que cuidar significa abrir mão dos preconceitos arcaicos e ir em busca de informações, prevenções e tratamento psíquico.

Em conclusão, fica a mensagem de que, além da simples diminuição do estrógeno, outros aspectos importantes de vida da mulher também merecem atenção especializada no tratamento dos quadros psicológicos climatéricos.

A seguir, ilustro o exposto, de forma resumida, com dois casos clínicos atendidos pelo ProMulher do Instituto de Psiquiatria do Hospital das Clínicas.

PACIENTE 1: advogada, 46 anos, casada, três filhos, procurou-nos por causa de sintomas como tristeza, desânimo, perda de prazer por atividades cotidianas e pensamentos negativos há seis meses, sem antecedentes prévios pessoais de depressão e bom ajuste psicossocial anterior. Refere que observou tais sintomas após piora dos fogachos, há cerca de um ano. Sintomas depressivos são leves e moderados, e a paciente não apresenta ideações suicidas.

PACIENTE 2: professora aposentada, 56 anos (há cerca de cinco anos na pós-menopausa), duas filhas, procurou-nos porque está "preocupada" com o seu casamento. Ela refere grande diminuição da libido e "vagina seca" há cerca de três anos, com dor durante o ato sexual. Sente-se muito culpada porque ama o marido e tem uma relação afetiva estável com ele há trinta e dois anos. Ela se refere também a problemas de sono ("sono leve e dificuldade para iniciá-lo") após o início da menopausa, além de falta de ânimo, interesse, energia e motivação. Tem andado muito esquecida ("chego até a esquecer comida no fogão aceso"). Coincidente com o período da menopausa, a filha caçula casou-se e mudou-se para os Estados Unidos ("essa filha era uma grande companheira minha, tínhamos um amplo diálogo; senti-me só"). Tem antecedentes pessoais de depressão, que surgiu aos 34 anos, após o falecimento da mãe. Refere fogachos leves e pouco freqüentes (dois por semana).

Observamos que os casos apresentados são de duas pacientes climatéricas completamente diferentes.

A paciente 1 é mais jovem, está na perimenopausa, não tem antecedentes pessoais de depressão e apresenta sintomas leves. Após avaliação ginecológica e clínica criteriosa, ela não apresentou contra-indicações ao uso de terapia estrogênica. As ondas de calor provavelmente foram o principal "gatilho" para o episódio depressivo atual e único da paciente – descrito na literatura como "efeito dominó". Optou-se pela introdução de estrógeno transdérmico (com "adesivo" de 50 mcg/dia). Utilizou-se hormônio com efeito similar à progesterona (progestágeno), de forma cíclica, para proteção do útero. Indicou-se terapia cognitivo-comportamental. Após onze semanas de tratamento proposto, houve remissão completa dos sintomas. A proposta do ginecologista é manter a terapia hormonal por pelo menos três anos.

A paciente 2 tem mais de 50 anos e está na pós-menopausa. É discutível a indicação de terapia estrogênica para melhorar o humor de pacientes com este perfil. Outras estratégias hormonais para melhorar a disfunção sexual foram propostas – com androgênio (hormônio sexual masculino) em microdosagens, além da aplicação local de creme vaginal à base de estrógeno – para melhorar a vagina seca. Não apresenta osteopenia ou osteoporose (rarefação óssea) na densitometria óssea. Medidas de higiene do sono (temperatura e luz do ambiente adequadas, restrição de alimentos mais pesados e de exercícios físicos próximo do horário de dormir, mudanças de outros hábitos que prejudicam o sono, etc.) foram propostas e seguidas pela paciente, com melhora do padrão do sono após duas semanas. Foi prescrito venlafaxina XR 150 mg/dia, com remissão completa dos sintomas depressivos em cinco semanas e até dos fogachos leves. Houve melhora da disfunção sexual de forma significativa. A paciente iniciou psicoterapia junguiana por conta própria e está feliz com a escolha.

O auxílio psicológico pode ajudar na elaboração de perdas biopsicossociais experimentadas na meia-idade e tem auxiliado a mulher a desenvolver uma crítica sobre como os dias atuais têm potencializado o sofrimento psíquico. Consciente de si, a mulher madura pode acolher o sentimento de estranheza proporcionado pelos diferentes aspectos que constituem o envelhecer e tem o sofrimento amenizado. O senso de inadequação em relação "ao modo de estar no mundo" é mais bem compreendido a partir do sentido que o sofredor dá à sua história. Ações psicoeducativas, como a participação em grupos terapêuticos, também auxiliam na elaboração do sentido da experiência vital e na reorganização criativa e positiva da personalidade. Este tipo de tratamento de cunho preventivo tem contribuído para a redução do estresse e para um melhor enfrentamento das demandas do envelhecer.

Estas considerações nos conduziram ao lugar da escuta psicológica em programas voltados à saúde da mulher de meia-idade nos espaços públicos de saúde. Sabe-se que as respostas às demandas femininas nessas instituições ainda estão circunscritas às ações do profissional da ciência médica (principalmente ginecologistas e psiquiatras), uma vez que cabe a eles a responsabilidade pelos tratamentos baseados na terapia hormonal e nos antidepressivos e psicotrópicos diversos adotados nos serviços de saúde.

Mulheres de meia-idade e pertencentes às classes socioeconômicas mais favorecidas têm maior possibilidade de buscar ajuda psicoterápica em clínicas psicológicas privadas, tratamento no qual uma escuta psicológica apropriada pode apontar para as "sombras psicológicas" deste momento de vida.

O ciclo vital

Nosso saber clínico nos diz que não "poder" falar não significa não "precisar" falar. E, de alguma maneira, acaba-se falando – por meio de sintomas, de queixas aqui e acolá...

O estudo sistemático do processo de envelhecimento é um dos eventos científicos mais importantes do século XX, principalmente a partir dos anos 1950, apesar de o tema fazer parte de textos eruditos e obras literárias desde a Antiguidade. As experiências de envelhecimento populacional, com novas informações a respeito do processo vital, têm contribuído para uma maior atenção dos pesquisadores a todas as etapas da vida adulta, e não somente aos períodos da infância e da adolescência. Dessa forma, ampliam-se os espaços de estudo – do âmbito familiar e escolar para os contextos "do ambiente do trabalho, dos meios político e comunitário, da esfera do lazer, dos hospitais, dos asilos e instituições para pacientes terminais" (Neri, 1995, p. 10).

Segundo Neri (1995) e Staude (1983), as contribuições pioneiras da psicologia para essa nova perspectiva do desenvolvimento foram estabelecidas por Stanley Hall (1922), H. L. Hollingworth (1927), Charlotte Buhler (1933), Carl Jung (1931), Pressey e colaboradores (1939), Robert Havinghurst (1948) e Erik Erikson (1950) e foram fundamentais para a elaboração de uma compreensão do desenvolvimento humano que se estende ao longo da vida. Apesar de considerarem que cada vida tem caráter único, estes autores concluíram que o desenvolvimento adulto segue princípios comuns, com uma seqüência previsível e padronizada de etapas. Para Eizirik, Kapczinski e Bassols (2001), o conhecimento dessas fases – estrutura dos padrões "normais" e conflitos psíquicos socialmente esperados – tem auxiliado na compreensão da saúde do indivíduo e de seus transtornos emocionais (Mori, 2002).

Estudos recentes focalizam o desenvolvimento vital segundo o entrecruzamento de aspectos de natureza biológica, psicológica e sociocultural que determinam a heterogeneidade entre os seres humanos. De acordo com Neri (2001a), a perspectiva de "curso de vida" considera que as trajetórias pessoais e de grupos que convivem num determinado momento histórico podem ser diferentes pela exposição a eventos específicos provocadores de estresse traumático (Mori e Coelho, 2003).

As pessoas localizam-se em estratos etários e sociais demarcadores de comportamentos e de desempenho de papéis. No Brasil, apesar da compreensão de que a categoria idade é um conceito socialmente construído e de que a contemporaneidade tem como paradigma o prolongamento da juventude, a idade "tem significado a redução de oportunidades de acesso aos já escassos bens sociais" (Neri, 2001a, p. 18). Assim, as trajetórias individuais de desenvolvimento não estão isoladas; ao contrário, são compartilhadas por experiências socioculturais de seus pares (Mori e Coelho, 2003).

O paradigma do "curso de vida" contém elementos comuns aos do *Life-span*,* segundo Neri (2001a), pois se constituiu na mesma época, utilizando-se da mesma referência teórica das ciências biológica, psicológica e social. Entende-se, assim, que há um limite genético-biológico para a expectativa de vida. No entanto, esta pode se estender conforme as condições de bem-estar da sociedade na qual o indivíduo está inserido. Ocorrências no contexto

---

* *Life-span*: Numa dada população, a expectativa de vida é o número médio de anos que um indivíduo pode esperar viver se submetido, desde o nascimento, às taxas observadas no momento. É calculada tendo em conta os nascimentos, obituários, saúde, educação, cultura, violência e situação econômica.

político, social, educacional e ecológico afetam a trajetória de vida das pessoas e dos grupos. Identificar esses eventos é essencial para a perspectiva *Life-span*, que tem a noção de "causalidade dialética" como fundamento epistemológico. Dessa maneira, a contribuição das categorias de natureza inato-biológica, individual-psicológica, cultural-psicológica e natural-ecológica é relativa de acordo com a idade e ocorre de maneira não-linear. O biforcamento dessas forças cria focos de tensão constante, predispondo os esforços adaptativos, "cuja síntese promove novo período de desenvolvimento normal, e assim sucessivamente" (Neri, 2001a, p. 26).

Capítulo 9

As particularidades da ansiedade feminina

A ansiedade feminina pode ser diferenciada de alguns aspectos da masculina. *Medo* é a reação a um perigo. *Ansiedade* é um sentimento de medo fora de proporção a qualquer perigo real.

A biologia da ansiedade inclui o medo condicionado, processado por vias ou conexões existentes no cérebro nas estruturas entre o tálamo, o córtex sensorial e o sistema límbico (amígdala e hipocampo). Humanos com lesão na amígdala não conseguem reconhecer o medo na face de uma pessoa e não identificam estímulos que levam ao perigo, por exemplo. Ainda na biologia, sujeitos que herdam a variante curta do gene humano transportador de serotonina experimentam maior ativação da amígdala quando comparados aos indivíduos portadores da variante longa.

Portanto, na biologia da ansiedade, as regiões límbicas (que regulam, por exemplo, o humor) projetam-se para o tronco encefálico e para o hipotálamo, que controlam as respostas simpáticas e parassimpáticas (sistema nervoso autonômico). Há vários neurotransmissores (mensageiros químicos cerebrais) envolvidos: serotonina, glutamato, GABA e norepinefrina.

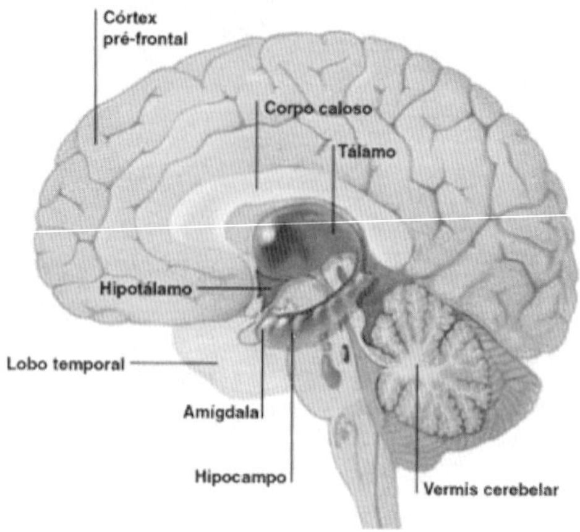

As mulheres desenvolvem transtornos ansiosos em uma freqüência maior que a masculina. De forma geral, a prevalência de transtornos ansiosos femininos ao longo da vida é de aproximadamente 30% comparada aos 19% do sexo masculino. Certos tipos de transtornos ansiosos são duas a três vezes mais freqüentes nas mulheres, como transtorno do pânico, fobias específicas e transtorno do estresse pós-traumático, e são vários os fatores que podem contribuir: 1) diferença de vulnerabilidade psíquica às oscilações dos níveis hormonais; 2) vulnerabilidade diferenciada ao estresse mantido com impacto diferente ao masculino; 3) fatores relacionados à personalidade, como, por exemplo, o neuroticismo; 4) mudanças recentes nos aspectos psicossociais, culturais e comportamentais do universo feminino, como realização de múltiplas tarefas simultâneas, maiores exigências no mercado de trabalho quando comparadas aos homens, com inúmeras pressões e discriminações, apesar dos avanços.

A incapacitação funcional decorrente desses fatores é grande. Além do mais, as mulheres procuram mais cuidados médicos para o tratamento da ansiedade, consumindo mais tranqüilizantes e agentes psicotrópicos (por exemplo, antidepressivos).

Evidências sugerem que fatores biológicos, particularmente a variabilidade às oscilações dos níveis hormonais, podem desempenhar papel importante na ocorrência e nas características clínicas da ansiedade feminina.

Vários estudos demonstram uma associação entre mudanças hormonais do pré-menstrual e grande vulnerabilidade aos sintomas de pânico, assim como para outros transtornos psiquiátricos. Muitas mulheres em busca de tratamento para a síndrome pré-menstrual e do pânico experimentam, na realidade, uma piora de tais sintomas no pré-menstrual. Outros períodos de vulnerabilidade incluem o pós-parto e a perimenopausa (período ao redor da menopausa caracterizado por oscilações dos níveis hormonais e por sintomas físicos e psíquicos como fogachos, tristeza, insônia e irritabilidade).

Portanto, é fundamental o conhecimento e a atenção às características específicas do ciclo reprodutivo feminino e às suas correlações com os transtornos ansiosos.

Entre as principais diferenças entre homens e mulheres nos aspectos pertinentes aos transtornos de ansiedade, bem como algumas peculiaridades dos quadros ansiosos femininos, destacam-se:

• Mulheres têm maior risco aos transtornos ansiosos. Embora ainda tais dados sejam controversos quanto aos fatores causais, cabe ressaltar que as oscilações hormonais em conjunto com variáveis psicológicas e sociais têm impacto relevante neste risco maior encontrado.

• Há maior índice de depressão e transtornos alimentares no sexo feminino.

• Os transtornos do pânico com agorafobia são mais comuns. *Agorafobia* significa comportamento de evitação a lugares ou situações em que o escape seja difícil ou embaraçoso numa crise de pânico (geralmente locais cheios de pessoas). Cerca de 1/3 a 1/2 dos pacientes com pânico têm agorafobia. Em uma crise de pânico tem-se a sensação de que o coração repentinamente dispara, acompanhada de tontura e falta de ar. Um terrível sentimento de morte iminente sufoca o âmago do paciente. Cerca de 20 a 30 minutos depois, esse estado de extrema ansiedade pode desaparecer. A pessoa fica atormentada apenas pela expectativa de ocorrer outra crise aterrorizante, sem nenhum aviso, que a encontre totalmente indefesa ou vulnerável. É como se ela se sentisse ameaçada o tempo todo por algo terrível e prestes a acontecer, sem que possa se prevenir. Segundo a pesquisadora norte-americana Yonkers, da Universidade de Yale, nos Estados Unidos, ao longo de oito anos, após a completa interrupção dos sintomas, as mulheres têm chance de recaída de 64%, enquanto os homens, de 21%. Já a remissão (diminuição ou interrupção) dos sintomas nesse período é de 76% para as mulheres e de 69% para os homens.

- O curso da ansiedade feminina costuma ser recorrente e crônico.

- Os sintomas têm mais possibilidade de estar associados a mudanças hormonais, como já foi descrito anteriormente.

- Mulheres com sintomas vasomotores (fogachos) e ansiosos têm maior chance de ter depressão.

- Mulheres têm maior prevalência à depressão somática (National Comorbidity Survey – EUA), muito associada à ansiedade. *Somática* é referente a sintomas físicos que freqüentemente acompanham vários transtornos mentais. Pacientes com muitas queixas somáticas devem ser investigadas para TAG (transtorno da ansiedade generalizada). As queixas mais comuns são: dor torácica, dispnéia (falta de ar), desconforto abdominal, taquicardia e tontura.

Geralmente, pacientes que apresentam dores torácicas não específicas têm maior tensão e ansiedade. A ansiedade torna as mulheres mais poliqueixosas. Durante as consultas médicas, as mulheres relatam um número maior de sintomas quando comparadas aos homens.

Características somáticas dos transtornos ansiosos

PÂNICO: instabilidade da respiração, hiperatividade autonômica (taquicardia, aumento de pressão arterial), fraqueza e cefaléias.

TAG: tensão muscular e irritabilidade.

TRANSTORNO DO ESTRESSE PÓS-TRAUMÁTICO: limiar atencional aumentado para o despertar durante o sono.

FOBIA SOCIAL: dificuldade para se expor em contextos sociais, com medo de ser avaliado, criticado ou julgado. Em situações assim, os sintomas são sudorese, taquicardia, tremores, rubor facial e boca seca.

Até 76% dos pacientes com depressão ou transtorno de ansiedade apresentam sintomas somáticos, o que deve ser um alerta a todos os profissionais da saúde.

A somatização reduz a chance de detecção dos transtornos ansiosos, para os clínicos, entre 77% e 22%.

A ansiedade e a depressão são mais freqüentes nas populações hospitalares que apresentam condições clínicas ou em pacientes com quadros orgânicos relevantes. Infelizmente, ainda há muita negligência ou desconhecimento por parte de alguns profissionais que assistem tais pacientes, e raramente o diagnóstico correto do transtorno mental é realizado.

Em geral, as pacientes não procuram ou não recebem tratamento para a ansiedade quando apresentam alguma doença clínica associada.

Segundo um estudo comunitário denominado "Perth Community Stroke Study", publicado na renomada revista científica *Cerebrovascular Disease*, de 2003, a prevalência de ansiedade pós-AVC (acidente vascular cerebral ou "derrame") foi de 9% nos homens e de 20% nas mulheres.

TAG e transtorno do pânico são associados ao aumento da prevalência de disfunção da tireóide nas mulheres, e tais quadros passam despercebidos em certas situações. Há sobreposição entre os sintomas de ansiedade e hipertireoidismo.

Os sintomas comuns podem incluir: insônia, ansiedade psíquica, perda de peso, sintomas cardiovasculares e impedimento do exercício de atividades.

A dor crônica é freqüentemente associada a transtornos ansiosos. Em geral, as queixas são inespecíficas. As mulheres normalmente têm mais dor devido ao gênero e à elevada ansiedade.

A seguir, detalhamos um importante transtorno de ansiedade, muito comum nas mulheres. O transtorno de ansiedade generalizada (TAG) é uma das doenças mentais mais comuns e incapacitantes, porém ainda é subdiagnosticado, com vários tratamentos inadequados sendo realizados. Caracteriza-se por excessiva ansiedade e preocupação na maior parte dos dias, por um período superior a seis meses. A preocupação é difícil de ser controlada. Leva a uma enorme incapacitação, com prejuízos de diversas ordens.

Ansiedade, preocupação ou sintomas físicos causam estresse clínico significativo ou impedimento social e/ou ocupacional nas mulheres que sofrem de TAG.

Sintomas da ansiedade

Mais do que três dos seguintes sintomas devem estar presentes no diagnóstico, como:

INQUIETUDE

FADIGA FÁCIL

DIFICULDADE DE CONCENTRAÇÃO

IRRITABILIDADE

TENSÃO MUSCULAR

DISTÚRBIOS DO SONO

Pode haver tremores, abalos e dores musculares, nervosismo ou irritabilidade associados à tensão muscular. Muitos indivíduos com transtorno de ansiedade generalizada também experimentam sintomas somáticos (mãos frias e pegajosas, boca seca, sudorese, náusea, diarréia, freqüência urinária, dificuldade para engolir ou "nó na garganta") e uma resposta de sobressalto exagerada.

Tais sintomas não podem ser decorrentes de doença clínica ou de medicamentos, ou até mesmo de drogas.

A comorbidade (associação a outros transtornos mentais) ocorre entre 80% e 90% dos pacientes. Outros transtornos de ansiedade podem ocorrer entre 50% e 60%. Depressão maior ocorre em mais de 60% dos pacientes, piorando o prognóstico.

Características e transtornos associados

Freqüentemente, o transtorno de ansiedade generalizada é concomitante a transtornos do humor (transtorno depressivo maior ou transtorno distímico), a outros transtornos de ansiedade (transtorno de pânico, fobia social, fobia específica) e a transtornos relacionados a substâncias (dependência ou abuso de álcool ou de sedativos hipnóticos ou ansiolíticos). Outras condições associadas ao estresse (síndrome do cólon irritável, cefaléias) constantemente acompanham o transtorno de ansiedade generalizada.

Características específicas à cultura, à idade e ao gênero

Existe considerável variação cultural na expressão da ansiedade (em algumas culturas, a ansiedade é expressada, predominantemente, por sintomas somáticos; em outras, por sintomas cognitivos). É importante considerar o contexto cultural ao determinar se as preocupações com certas situações são excessivas.

TAG em crianças e adolescentes

Em crianças e adolescentes com transtorno de ansiedade generalizada, ansiedade e preocupação freqüentemente envolvem a qualidade de seu desempenho na escola ou em eventos esportivos, mesmo quando este não está sendo avaliado por outros. Pode haver preocupação excessiva com a pontualidade. Essas crianças e adolescentes também podem se preocupar com eventos catastróficos, como terremotos ou guerra nuclear. As crianças com o transtorno podem ser excessivamente conformistas, perfeccionistas e inseguras, apresentando tendência a refazer tarefas em razão de muita insatisfação com um desempenho menos que perfeito. Demonstram excessivo zelo na busca de aprovação e exigem constantes garantias sobre seu desempenho.

Prevalência

Cerca de $^{2}/_{3}$ dos indivíduos acometidos são mulheres. Alguns trabalhos demonstram prevalência de 5% de pessoas acometidas pelo TAG ao longo da vida. A proporção de mulheres acometidas gira em torno de 10%.

Curso

Muitos indivíduos com transtorno de ansiedade generalizada afirmam que sentiram ansiedade e nervosismo durante toda a vida. Embora mais da metade daqueles que se apresentam para tratamento relatem o início na infância ou adolescência, o transtorno após os 20 anos também ocorre. O curso é crônico, mas oscilante, e freqüentemente piora durante períodos de estresse.

Linhas gerais do tratamento

Os fatores genéticos são particularmente importantes no sexo feminino. Distimia (subtipo de depressão leve e crônica) também é mais comum. O tratamento envolve ênfase em psicoterapia cognitiva e comportamental, medicamentos antidepressivos, exercícios físicos, mudanças de certos hábitos (tabagismo, álcool, dieta), manejo da insônia e manejo racional das preocupações (tempo gasto para manejar ou organizar as preocupações). Técnicas de meditação e relaxamento também são coadjuvantes.

Capítulo 10

O IMPACTO DA INFERTILIDADE NA SAÚDE MENTAL DA MULHER

Várias mulheres constroem um projeto de vida desde os primórdios do desenvolvimento: crescer, encontrar um companheiro e com ele dar início a uma nova família – é nesse contexto motivacional que tem origem o desejo de ser mãe.

A infertilidade, ou seja, a incapacidade de gerar filhos, afeta aproximadamente 15% dos casais em idade reprodutiva, e diversos fatores contribuem para que um casal não consiga ter filhos após um ano de atividade sexual regular, sem uso de métodos contraceptivos.

Esta é uma situação que tortura e magoa aqueles que desejam ter filhos. A ansiedade, a frustração e a impotência que cercam essa situação são de difícil manejo e nem sempre superadas. Por nosso perfil humano imediatista, queremos um diagnóstico rápido e uma solução mais breve ainda. Infelizmente, nem sempre se consegue chegar a isso em pouco tempo. A espera pode ser angustiante, e o insucesso, atemorizante. É importante ter otimismo no diagnóstico, e principalmente no tratamento, sem perder, entretanto, o senso da realidade. Ou seja, é preciso estar ciente de que nem sempre o objetivo maior será alcançado de imediato (Farinati, Rigoni e Müller, 2006).

As causas da infertilidade conjugal afetam aproximadamente, em igual proporção, homens e mulheres, sendo que em 1/3 dos casos a causa é masculina, em 1/3, feminina e em 1/3 é tanto do homem quanto da mulher. Nem sempre o homem tem consciência disso, e muitas vezes apresenta dificuldade em aceitar esse fato. Contudo, não se pode confundir infertilidade com impotência. Impotência em ter filhos, impotência em manter o nome da família, impotência sexual e outras formas inadequadas de interpretação do fato. Não há culpados na dificuldade de engravidar. Ninguém deve ser responsabilizado nem criticado.

A liberação sexual trouxe à mulher algumas conseqüências graves, quando realizada de forma inadequada. A disseminação de doenças sexualmente transmissíveis pode ter como resultado alterações tubárias e uterinas que podem culminar em infertilidade. A história pregressa de doença inflamatória pélvica, algumas vezes até mesmo sem grandes sintomas, pode acarretar na oclusão das trompas ou prejudicar sua função, tornando a gravidez mais difícil ou impossível. Outra causa importante de infertilidade é a endometriose (migração e implantação do tecido uterino em outros locais extra-uterinos, como tubas, ovários e intestino), que causa muita dor pélvica no perimenstrual e nas relações sexuais, além de sangramentos. Apresenta prevalência de 4,5% a 33,3% em mulheres submetidas a tratamento de esterilidade.

A sociedade moderna posterga a maternidade por várias razões. A necessidade de se profissionalizar, ter uma carreira bem definida e sólida e a estabilização financeira e profissional fazem com que a mulher procure a realização do sonho de ser mãe em idade mais avançada. Todavia, o que nem toda mulher sabe é que a fecundidade, ou seja, a capacidade de reprodução, diminui com a idade. A chamada "idade ovariana" é mais importante que a idade cronológica. Vemos, com freqüência, mulheres saudáveis, bonitas, vibrantes e ativas, com idade superior a 40 anos, que, apesar de seus atributos físicos e psíquicos, apresentam dificuldade em engravidar por conta da "idade ovariana".

Em cerca de 90% das vezes é possível estabelecer uma causa diagnóstica da infertilidade. Nas mulheres, as principais causas relacionam-se à dificuldade em ovular (anovulação crônica por síndrome dos ovários policísticos, hiperprolactinemias, etc.) e a alterações nas trompas (obstrução tubária, tortuosidade e aderências das trompas, etc.). Já nos homens as principais causas de infertilidade estão relacionadas à baixa concentração de espermatozóides ou à alteração em sua motilidade ou morfologia. As varizes de saco escrotal, conhecidas como varicocele, são uma das causas mais importantes de infertilidade masculina.

Em aproximadamente 80% a 90% das vezes é possível resolver esses problemas com medidas simples, os chamados métodos de baixa complexidade, seja pela indução da ovulação, pelo coito programado ou até mesmo pela realização de inseminação intra-útero. Nas demais situações, é necessário recorrer a clínicas especializadas para realização de procedimentos de alta complexidade, como fertilização *in vitro* (FIV) ou micromanipulação de gametas, também chamada de injeção intracitoplasmática de espermatozóide (ICSI). É importante que todas as informações pertinentes sobre o diagnóstico e as alternativas terapêuticas estejam disponíveis a todo casal. Saber o que se tem, como tratar e quais as reais (não imaginárias ou desejosas) chances de sucesso ajuda a enfrentar a situação e minimiza o estresse, a ansiedade e a frustração.

A nenhum casal pode-se garantir 100% de sucesso. Infelizmente, a medicina não é capaz de resolver todos os casos. O avanço tecnológico permite que consigamos atuar em alguns passos na fertilização, implantação, indução da ovulação e preparo seminal, mas sempre pode haver uma etapa que está acima de nossos conhecimentos, desejos e vontade.

Lembremos que o conceito de infertilidade conjugal só se aplica a casais que tenham relações sexuais freqüentes (duas a três vezes por semana), sem uso de métodos contraceptivos (pílula anticoncepcional, DIU, preservativo, etc.), e que não conseguem ter filhos após um período de doze meses. A Sociedade Européia de Reprodução Humana adota o período de vinte e quatro meses, após o qual as chances de engravidar de forma natural caem drasticamente. Ao final de um ano, cerca de 90% dos casais normais conseguem engravidar. Os outros 10% engravidam no ano seguinte. Entretanto, se em média a chance de conseguir uma gestação natural for inicialmente de 18% a 20% ao mês, esta cairá para aproximadamente 2% ao mês no ano seguinte. Ou seja, a maioria dos casais normais engravida no primeiro ano de tentativa.

A fecundidade de 18% a 20% em um mês de tentativa de obter gravidez entre casais normais deve ser lembrada quando se utiliza qualquer método para engravidar. Quando se acha que a taxa de 40% a 45% de gestação por tentativa de fertilização *in vitro* é pequena, lembremos que ela ainda é quase três vezes maior que aquela obtida de forma natural entre casais normais. Provavelmente, a fecundidade não é maior porque diversos fatores devem contribuir de maneira negativa para que se consiga uma gestação de forma natural. Para que a mulher engravide é necessário que ela esteja no período fértil (dois dias antes até três dias depois da provável ovulação), que os espermatozóides ejaculados na vagina consigam ascender pelo útero, chegar até as trompas, encontrar e fertilizar o óvulo, e que o embrião formado "viaje" de volta ao útero, onde vai se implantar depois de um período de cinco a seis dias após a ovulação. Qualquer falha em uma dessas etapas pode comprometer seriamente as chances de uma gestação.

Aspectos psicológicos e sociais

Inúmeros sentimentos ocorrem quando há o desejo de ter filhos confrontado com qualquer impossibilidade – medo, ansiedade, tristeza, frustração, menos-valia e vergonha são decorrentes de quadros de estresse significativos. A situação de infertilidade causa efeitos devastadores tanto na esfera individual quanto na esfera conjugal e desestabiliza as relações do sujeito na sociedade, levando a um prejuízo na qualidade de vida.

Segundo a Organização Mundial de Saúde (OMS), 20% dos casais em idade reprodutiva enfrentam dificuldade para ter filhos. O número de pessoas estimadas em todo o mundo com dificuldade é entre 60 e 80 milhões. Em 2000, aproximadamente 5 a 6,3 milhões de mulheres nos Estados Unidos apresentaram problemas de infertilidade, estimando-se para 2025 um incremento desse índice para 5,4 a 7,76 milhões (Klonoff-Cohen, Chu, Natarajan e Sieber, 2001).

A reprodução humana é complexa. Estima-se em 16,6% o resultado de gestação para um casal normal, após relação sexual em período ovulatório. A fertilidade humana é baixa se comparada à de outras espécies. De acordo com Badalotti e Petracco (1997), o conceito de infertilidade refere-se à falta de gravidez após um ano de relações sexuais sem nenhum método de anticoncepção. A Federação Internacional de Ginecologia e Obstetrícia (FIGO) afirma que a esterilidade e a infertilidade representam uma situação carencial que atinge negativamente tanto o âmbito físico quanto a estabilização emocional, influindo até na personalidade. Pesquisas apontam que a infertilidade é uma experiência médica ou física, devido aos inúmeros procedimentos e exames aos quais as pessoas que a vivenciam são submetidas; psicológica, pela magnitude de dificuldades de natureza emocional desencadeadas; e social, uma vez que o convívio com a família e com casais que têm filhos e as relações profissionais muitas vezes sofrem prejuízos.

Várias mulheres têm conflitos de identidade de gênero quando recebem a notícia de que são inférteis. Nesses casos, o profissional deve, cuidadosamente, situar o casal dentro da realidade, porque tal frustração vai muito além de aspectos pragmáticos e diretos, envolvendo a lembrança de antigos conflitos intrapsíquicos e traumas. Diversos sentimentos ambíguos podem coexistir na interação entre o profissional assistente e o casal. Conheço inúmeros casais que me relatam, sem quaisquer hesitações, que a infertilidade é o evento mais estressante de sua vida. Muitos sucumbem às pressões sociais e familiares para serem pais. Há pouco tempo, uma de minhas pacientes culpava-se intensamente por não ser "capaz" de manter a tradição do sobrenome da família do marido. Era, inclusive, humilhada por parentes do cônjuge, que usavam termos pejorativos para desqualificá-la como mulher. Ela dizia, em algumas sessões, que não possuía mais identidade e poder sobre si mesma. Apresentava-se lábil, ansiosa e deprimida, chegando ao extremo de se considerar deformada e ter ideações suicidas. Porém, é sempre bom ressaltar que, mesmo sem as cobranças sociais ou familiares externas, há ainda a cobrança interna em outras mulheres, com inúmeras representações, por um modelo de vida que inclui a família sobre quaisquer outros valores subjetivos. O casal se une com esta função social e, quando não consegue atingi-la, naturalmente se sente infeliz e incompleto.

O projeto de ser mãe

Muitas mulheres me procuram desesperadas relatando que o desejo de ser mãe interfere na identidade delas.

De fato, ser mãe vai muito além da capacidade biológica de procriação e preservação de genealogia da família. Aspectos motivacionais subjetivos envolvidos entre desejos conscientes e inconscientes nos dão a sensação de pertencer a determinado grupo.

Segundo Freud, desejos de imortalidade, de se aperfeiçoar através do filho, de realizar antigos sonhos e projetos inalcançados podem se encontrar nas raízes do projeto de ser mãe ou pai.

Assim como tal projeto está ligado a aspectos saudáveis da vida de um indivíduo e de um casal, também pode ser buscado como saída para a resolução de conflitos. Por exemplo, um filho pode estar sendo desejado para preencher lacunas na vida dos pais; para tentar salvar o casamento; para evitar a solidão e até mesmo para atender à pressão cultural e familiar, uma vez que um filho é visto como atributo de valor, potência e poder (Farinati, Rigoni e Müller, 2006).

O contexto reprodutivo é formado na história de cada indivíduo a partir de significantes inconscientes, de acontecimentos simbólicos, de elementos imaginários e reais que caracterizam a singularidade e a subjetividade da verdade de cada um (Farinati, Rigoni e Müller, 2006). O fato de o desejo de maternidade e paternidade estar intimamente relacionado às vivências singulares de cada sujeito indica que a experiência emocional da infertilidade terá, do mesmo modo, caráter eminentemente singular.

Ansiedade, depressão e estresse na infertilidade

Embora dados epidemiológicos sejam variáveis, alguns estudos têm reportado a prevalência da ansiedade e da depressão no campo da infertilidade, principalmente da feminina (Beutel et al., 1999; Golombok, 1992; Lok, Lee, Cheung, Lo e Haines, 2002). O interesse deve-se ao grande sofrimento psíquico e aos prejuízos sociofuncionais secundários. Estudo recente de Chen, Chang, Tesai e Juang (2004) concluiu que 40,2% das mulheres em procedimento para tratamento de infertilidade por técnicas de reprodução assistida no centro onde o estudo foi realizado possuíam algum tipo de transtorno mental. Entre os transtornos mais freqüentes apontados nessa pesquisa, há os de cunho depressivo (26,8%) e os de ansiedade (28,6%).

A ansiedade pode ser decorrência da natureza estressante dos processos de tratamento e do temor de que fracassem, e a depressão pode ser devida à inabilidade para conceber. É certo que não podemos reduzir a causa dos sintomas de depressão e ansiedade apenas a esses aspectos, ainda mais se considerarmos os aspectos psicodinâmicos da infertilidade. Nesse sentido, mais do que uma classificação psiquiátrica, esses sintomas merecem ser investigados dentro da história pessoal e conjugal do sujeito infértil.

Até hoje persiste a dúvida de se o estresse é a causa ou a origem da infertilidade. Dados mais atuais revelam uma tendência de que ele seja a origem. Isso, de alguma forma, alivia a culpa que muitas mulheres sofridas carregam dentro delas do tipo: "Você não engravida porque é muito estressada. Precisa se controlar". Outro questionamento que causa muita angústia é se o estresse diminui as chances de sucesso da reprodução assistida. Para a pesquisadora Lipp (2002), o estresse é definido como uma reação complexa e global do organismo, envolvendo componentes físicos, psicológicos, mentais e hormonais que se desenvolvem em etapas. Todo ser humano está sujeito a fatores estressantes que podem, em determinadas circunstâncias, ultrapassar sua capacidade de resistir física e emocionalmente.

Diversos estudos têm focado o estresse em casais inférteis que se submetem a tratamentos de fertilização assistida, o impacto emocional do tratamento e suas falhas, assim como suas implicações para o aconselhamento psicológico (Klonoff-Cohen et al., 2001).

Recente trabalho publicado na revista *Fertility and Sterility* concluiu que o estresse pode ter impacto negativo no tratamento da infertilidade. Os autores são os médicos Jacky Boivin da Inglaterra e Lone Schmidt da Universidade de Copenhague. A importância de tal trabalho foi correlacionar também o estresse masculino às falhas dos tratamentos de infertilidade, embora com papel menor que o estresse feminino. É importante deixar claro que os resultados encontrados não se deveram a quaisquer efeitos aditivos do estresse masculino sobre o feminino. A avaliação do efeito do nível de estresse dos parceiros sobre os resultados do tratamento de fertilidade foi feita pela aplicação, a ambos os parceiros, do Inventário de Estresse dos Problemas de Fertilidade logo no início do tratamento. Doze meses após, os casais foram novamente entrevistados para determinar os tipos de tratamento a que tinham sido submetidos, quantos ciclos e se o resultado tinha obtido o sucesso almejado, definido com gravidez atual ou nascimento do filho. Foram incluídos 818 casais, dos quais 60% tiveram sucesso terapêutico. Um em cada cinco casais foi submetido a procedimentos de inseminação, enquanto o restante, à fertilização *in vitro* (FIV) e à injeção intracitoplasmática dos espermatozóides (ICSI). Os pesquisadores ainda tiveram o cuidado de afastar as variáveis que poderiam gerar confusão, como a idade dos parceiros e o número de anos de infertilidade. As mulheres que relataram mais estresse marital necessitaram, em média, de três ciclos de tratamento para a concepção quando comparadas às mulheres menos estressadas, que precisaram apenas de dois ciclos. Mulheres estressadas também são menos propensas a ficar grávidas em determinado ciclo. Os pesquisadores concluíram que os domínios pessoais e maritais geradores de estresse são mais importantes que o estresse surgido no campo das relações sociais, bem como que seu trabalho reforça o crescimento da base de evidência científica do impacto de estados psicológicos negativos em falhas de tratamento de fertilidade.

Corroborando os dados apresentados, um estudo desenvolvido na Califórnia, por meio de um trabalho prospectivo com 151 mulheres submetidas a tratamento por fertilização assistida, de sete clínicas, verificou que, quanto mais negativamente a mulher "olha" sua vida, quanto maior o estresse constatado, menor a taxa de sucesso nesses procedimentos. Os pesquisadores referem que o estresse diminui as taxas de sucesso, possivelmente pela alteração ocasionada por ele sobre uma série de mecanismos neuroendócrinos (Klonoff-Cohen et al., 2001).

Alguns estudos foram realizados objetivando avaliar as diferenças no estado emocional de homens e mulheres que atravessam problemas de infertilidade. Um estudo realizado no Canadá, em 1991, com 449 casais, apontou que as mulheres inférteis possuem maior risco de desenvolver estresse psicológico que os homens, e que homens e mulheres têm percepções diferentes sobre tal situação, o que pode gerar descompassos na esfera conjugal (Wright et al., 1991).

Também é interessante notar que o marido tem papel amenizador do impacto do estresse na mulher, devendo se interessar, apoiar e envolver-se no tratamento. Desse modo, a infertilidade tende a ser menos dolorosa para a mulher (Pasch, Dunkel-Schelter e Cristensen, 2002).

Embora associado aos tratamentos de fertilização *in vitro*, não se deve esquecer que o estresse é apenas parte da busca difícil da gravidez, e isso serve para alertar a todos os profissionais que trabalham com pacientes inférteis para que não percam o foco no problema nuclear (Hammarberg, Astbury e Baker, 2001). Portanto, a psicoterapia individual ou em grupo é um importante instrumento para amenizar o enorme sofrimento psíquico gerado por todos os aspectos envolvendo a infertilidade – desde os significados e simbolismos individuais até os fracassos e as frustrações inerentes ao curso do tratamento.

Diferenças de gênero no impacto da infertilidade

O impacto da infertilidade nos casais pode ser profundo – ela é geralmente vivida como uma crise traumática e pode chegar a ter efeito desmoralizante na pessoa infértil, abalando sobremaneira a visão que o casal tem de si mesmo como unidade saudável. Muitas vezes, a infertilidade faz as pessoas sentirem-se defeituosas, envergonhadas e moralmente arrasadas, fracassadas.

Entre o casal, cada um pode ter uma maneira diferente de vivenciar os acontecimentos, e essas diferenças podem ser atribuídas a questões de gênero, a formas de lidar com os problemas e à diferença no desejo de cada um em relação aos filhos.

Uma importante distinção com base no gênero é que os homens preferem evitar falar sobre o assunto e ir direto à ação, enquanto as mulheres preferem falar a respeito. É interessante notar que abordar o assunto da infertilidade faz as mulheres se sentirem melhor, e os homens, pior.

A pressão por parte da família e dos amigos soma-se às experiências de marginalização e descompasso pelas quais passam aqueles que não podem procriar em relação aos outros casais.

O sentimento de perda e o luto são característicos da situação de infertilidade. A experiência e a alegria de ser capaz de conceber, a privacidade da concepção (a intervenção médica está sempre presente), a experiência de compartilhar um filho biológico, a esperança de dar continuidade a linhagem familiar são apenas algumas das perdas. Nesse momento, a psicoterapia faz-se importante, pois é necessário reconhecer essas perdas e dar-lhes o valor adequado, ajudando, assim, os casais a vivenciarem o devido luto.

É essencial que o casal busque auxílio para reconhecer as dolorosas perdas em cada estágio do processo de infertilidade, as quais variam desde o desapontamento que a mulher sente no momento da menstruação aos resultados negativos do exame laboratorial, às falhas nos tratamentos e aos abortos espontâneos.

Por ser a infertilidade um assunto tão onipresente e cansativo, considero importante orientar os casais a "se darem um tempo" e deixarem a questão temporariamente de lado. Costumo aconselhá-los a alternarem momentos para falar sobre a infertilidade com momentos em que este assunto possa ser colocado de lado, para que, em seu lugar, algo prazeroso possa ser feito. A mesma idéia aplica-se ao sexo: há momentos de fazer sexo para procriação e há momentos de fazê-lo só por prazer.

A infertilidade pode tornar-se um problema devastador para os casais que lutam contra ela; no entanto, com freqüência, essa luta permanece invisível para quem olha de fora. A perda da esperança de ter um filho geneticamente vinculado aos pais tem sido minimizada pela sociedade e pelas pessoas próximas ao casal. Os avançados desenvolvimentos tecnológicos na área da reprodução fazem a gravidez parecer algo ao alcance de qualquer um, hoje há boas possibilidades pelo SUS.

A reprodução assistida vem introduzindo opções que irão afetar, a partir de agora, a vida dos casais e que também colocam dilemas de cunho ético e moral nos relacionamentos entre parceiros e entre o casal e os filhos.

O legado da infertilidade é poderoso. Talvez seja o começo de problemas sexuais e conjugais que podem ir muito além da questão da própria infertilidade. Ela talvez afete todos os aspectos da individualidade dos parceiros e a visão deles sobre o relacionamento.

A psicoterapia se faz importante, no sentido de auxiliar o casal a enfrentar medos e desafios que a infertilidade lhes apresenta.

Possibilidades de intervenção psicológica e psiquiátrica

Há várias possibilidades de intervenção psicológica e psiquiátrica com casais inférteis. As diferentes modalidades terapêuticas são decorrentes do modelo teórico utilizado para a compreensão da infertilidade (Farinati, Rigoni e Müller, 2006). Destacam-se a psicoterapia de orientação psicanalítica, as terapias cognitivo-comportamentais e as propostas de *Counselling*. Independentemente do modelo teórico-técnico adotado, a presença do psicólogo ou de um profissional de saúde mental nas equipes que trabalham com casais inférteis é de fundamental importância. Tal presença se justifica pela necessidade de contemplar o fenômeno da infertilidade como um problema de saúde *lato sensu*, ou seja, que requer, sobre o sujeito que sofre, um olhar integrado a partir de um trabalho interdisciplinar (Farinati, Rigoni e Müller, 2006).

O profissional de saúde mental pode trabalhar nos serviços de reprodução humana como consultor, colaborando com as dinâmicas grupais e proporcionando melhores condições emocionais aos profissionais envolvidos na situação (Applegarth, 1995).

Em geral, todas as abordagens visam auxiliar os indivíduos inférteis a lidarem com os medos, as angústias e as fantasias despertados pela infertilidade, assim como a refletirem sobre as decisões que deverão tomar em relação aos tratamentos, proporcionando atenção e apoio. Tendo em vista o caráter estressante dos procedimentos para tratamento da infertilidade, a ansiedade gerada por eles, o intenso desgaste pessoal e conjugal, o importante impacto produzido sobre os planos e projetos futuros, bem como a freqüência do desencadeamento de quadros depressivos, os aspectos emocionais envolvidos na infertilidade têm merecido especial atenção da Sociedade Européia e da Sociedade Americana de Reprodução Humana, as quais recomendam a presença de um profissional de saúde mental nas equipes.

É essencial que um psiquiatra também faça parte da equipe de saúde mental, já que transtornos como depressão maior e vários subtipos de transtornos de ansiedade, diagnosticados pelo DSM-IV (Manual Diagnóstico e Estatístico de Transtornos Mentais da Associação Psiquiátrica Americana, de 1994), geralmente estão presentes. O uso de medicamentos, avaliando-se com toda a equipe e o casal os riscos e benefícios envolvidos, deve ser amplamente discutido.

Para concluir, uma abordagem integrada deve prevalecer na avaliação das mulheres inférteis, bem como em outros campos da saúde mental – ou seja, os aspectos biopsicossociais devem ser avaliados em conjunto. Conforme vimos, a infertilidade possui causas determinadas por vários fatores, não se admitindo, portanto, uma intervenção que exclua quaisquer das dimensões de vida da mulher.

Por fim, a abordagem interdisciplinar sempre deve estar presente, por meio de apoio em diferentes níveis de atuação profissional.

Capítulo 11

O BEBER PATOLÓGICO DAS MULHERES

*Alcoolismo**

Atualmente, as pesquisas sobre dependências apontam para um número crescente de mulheres dependentes de álcool, havendo uma nítida associação desse aumento após a Segunda Guerra Mundial, talvez pela entrada maciça de mulheres no mercado de trabalho exercendo novos papéis sociais.

A prevalência do alcoolismo entre as mulheres ainda é significativamente menor que a encontrada entre os homens (Blume, 1994; Grant, 1997). Ainda assim, o consumo abusivo ou a dependência do álcool tem aumentado, trazendo, reconhecidamente, inúmeras repercussões negativas sobre a saúde física, psíquica e "social" da mulher.

No Brasil, um estudo epidemiológico detectou uma proporção homem:mulher para o alcoolismo de 15:1, e no momento há estudos nos Estados Unidos que indicam uma razão de 5:1 e até de 2:1.

---

* Novaes, C.; Melo, N. R.; Bronstein, M. D.; Zilberman, M. L. Impacto do alcoolismo em mulheres: repercussões clínicas, in *Rev. Psiq. Clin.*, 27 (1), 2000.

Acredita-se que há uma subestimação da proporção de mulheres alcoolistas por diversos fatores socioculturais, já que termos pejorativos sempre foram atribuídos a essas mulheres, enquanto para os homens a bebida alcoólica é o próprio símbolo da masculinidade. Na prática, existem poucos estudos sobre alcoolismo envolvendo as mulheres. Há hipóteses de que o simples desconhecimento ou a falta de informações, assim como o preconceito social, possam estar envolvidos nessa escassez dos trabalhos voltados às mulheres. Os próprios médicos têm preconceitos em relação ao alcoolismo, esquecendo-se de perguntar sobre história familiar e pessoal de alcoolismo em sua anamnese e de examinar possíveis conseqüências físicas decorrentes da dependência alcoólica (pancreatite, neurite).

A mudança dos papéis da mulher na sociedade, com superação de vergonha e estigma, é implicada na gênese do alcoolismo feminino, embora não haja estudos comprobatórios a respeito.

Dados recentes confirmam que, mesmo que o consumo de álcool seja realmente menor entre as mulheres, seu impacto pode ser maior que entre os homens, avaliado por meio do relato de problemas associados ao álcool (Bongers e cols., 1997).

A identificação do alcoolismo feminino em atendimentos primários de saúde parece ser deficiente e pouco valorizada (Chang e cols., 1997). Apesar disso, observa-se um crescente aumento do abuso de álcool e de outras drogas ilícitas, como a *Cannabis* e a cocaína, além do já conhecido abuso de anfetaminas (Kandel e cols., 1997; Yarnold, 1997). O consumo abusivo de álcool e de outras substâncias já é maior em algumas populações específicas, como entre os adolescentes avaliados em estudos nos Estados Unidos (Kandel e cols., 1997). Nessa população, a adolescência representa o período de maior risco de consumo de drogas entre as mulheres – consumo este já significativamente maior que o dos homens para cocaína.

Em mulheres com transtornos de humor, há maior prevalência do uso de drogas quando comparadas aos homens. Mulheres de meia-idade, independentes e com carreiras de sucesso parecem ter maiores chances de recaídas em relação ao alcoolismo. Geralmente, essas mulheres têm maiores escores de inteligência verbal e nas tarefas de memória visual e espacial e maior auto-eficácia em situações de alto risco na avaliação pré-morbida.

Especula-se que o uso de álcool seja o reflexo da insatisfação da mulher com seu estilo de vida, particularmente a perda ou a falta de função maternal. O achado que, quanto menor o número de crianças em casa, maior a probabilidade de recaída do alcoolismo em mulheres reforça essa suposição. Na minha prática clínica, observo que dois grandes fatores de risco para o alcoolismo feminino são os sucessivos fracassos e frustrações nas inúmeras tentativas para a mulher engravidar e a saída dos filhos de casa. Por outro lado, a alienação no trabalho, ou seja, a execução de tarefas de baixa complexidade, que envolvem poucas oportunidades para estímulos e desafios e têm valorização social inferior, também pode favorecer o alcoolismo coincidente com o período da menopausa.

Pesquisadores associaram o problema do alcoolismo às diferentes configurações de papéis ao longo do ciclo de vida das mulheres. Eles notaram que a perda de papéis ou funções (maternal, marital e profissional) de mulheres com menos de 65 anos, coincidente ou não com o período da peri e pós-menopausa, pode ser associada ao alcoolismo. Porém, nunca devemos nos esquecer de que o processo de recaída é complexo, com marcante variação individual.

Na experiência do Hospital das Clínicas de São Paulo, as mulheres alcoolistas podem ser divididas em dois grupos heterogêneos: a) jovem (20-30 anos), que geralmente usa álcool em situações sociais com o intuito de obter prazer e euforia; b) adulto (35-64 anos), grupo mais prevalente caracterizado por mulheres de meia-idade que bebem sozinhas, em casa, devido a problemas afetivo-emocionais.

O consumo de álcool, de forma geral, diminuiu em mulheres abaixo dos 40 anos e aumentou em mulheres acima dessa faixa etária na década de 1980. Uma explicação possível é que mulheres entre 20 e 40 anos têm interesse maior na saúde (por causa das gestações), sendo mais predispostas às informações dos prejuízos causados pelo álcool. Já nas mulheres com mais de 40 anos, há outras explicações possíveis, além das mudanças de papéis e posições na sociedade. Esse subgrupo de mulheres é o único que pode escapar da tendência geral no declínio do consumo do álcool, pois nele não existem mais as preocupações com possíveis gestações e não há níveis altos de consumo com prejuízos evidentes que possam estimular sua diminuição. Nenhuma evidência foi encontrada para a hipótese de que as mulheres sofrem mais com os problemas relacionados ao álcool quando assumem funções e posições na sociedade que antes eram dominadas pelos homens.

As relações entre álcool e estresse são bem mais complexas do que se pensa, principalmente em mulheres de meia-idade. Parece haver uma vulnerabilidade diferenciada ao uso de álcool nas situações estressoras, havendo um modelo em que o aumento do consumo de álcool ocorre mais tarde, após o término do estresse, contrariamente ao modelo geral em que há maior ingestão alcoólica durante um período mais estressante. Uma possível explicação é o pequeno efeito do álcool nas mulheres mais reativas ao estresse. Altas demandas no trabalho, por exemplo, estão associadas ao elevado consumo de álcool, mas apenas nas mulheres sem recursos para lidar com essas demandas.

A preocupação com o impacto do abuso e dependência de álcool entre as mulheres, com suas particularidades, também já foi alvo de pesquisas em nosso meio. Entre as principais observações realizadas, destaca-se o fato de que o início e o aumento do consumo de álcool entre as mulheres estudadas eram mais tardios; elas também relatavam mais tentativas de suicídio e menor utilização concomitante de outras drogas ilícitas comparativamente aos homens (Hochgraf e cols., 1995).

O alcoolismo feminino extrapola o âmbito meramente psiquiátrico. Além das características já reconhecidas nesse campo, é necessário reconhecer as demais áreas de impacto do consumo de álcool pelas mulheres.

O atendimento do alcoolismo feminino implica o conhecimento, entre outros fatores, de suas repercussões sobre a esfera ginecológica e obstétrica (ausência de menstruação, ciclos irregulares e/ou anovulatórios e prejuízos para o desenvolvimento fetal), endocrinológica (hiperandrogenismo – excesso de hormônios androgênicos ou sexuais masculinos – e aumento de massa gordurosa abdominal), além das diversas controvérsias atribuídas às relações entre o consumo de álcool, a osteoporose e a terapêutica de reposição estrogênica.

Alcoolismo e ciclo menstrual

As relações entre o alcoolismo e o ciclo menstrual podem ser observadas basicamente sob dois aspectos:

- Interações entre as diversas fases do ciclo e uma possível modificação nos padrões de consumo de álcool.
- Repercussões clínicas do uso e abuso ou dependência do álcool sobre o ciclo menstrual.

Impacto das fases do ciclo menstrual sobre o consumo de álcool

A primeira idéia que se teve foi a de que o álcool seria mais utilizado pelas mulheres, durante o período pré-menstrual, para aliviar os sintomas de ansiedade. Isso seria uma espécie de auto-medicação (Tate e Charette, 1991; McLeod e cols., 1994).

A hipótese do "alcoolismo pré-menstrual", entretanto, tem sido contestada por outros estudos (Lex et al.,1989; Tate e Charette, 1991), em que um aumento considerável do consumo de tabaco, e não de álcool, surgiu como fator ligado ao período pré-menstrual.

Alcoolismo e ciclo menstrual: repercussões sobre seu funcionamento

Se, por um lado, a influência das fases do ciclo menstrual sobre os padrões de consumo alcoólico ainda é um tema controverso, por outro a influência do consumo de álcool sobre o funcionamento hormonal feminino já encontra referências mais consistentes (Mello e cols., 1989; Pettersson e cols., 1990; Eriksson e cols., 1996).

Estudos animais (Mello e cols., 1992) revelam que o consumo de álcool levaria a uma resposta da glândula pituitária, ou hipófise (localizada no sistema nervoso central), deficiente, com menor liberação de hormônio luteinizante (LH). Esse fato poderia prejudicar a ovulação normal.

De fato, o consumo abusivo ou a dependência alcoólica parecem estar associados a diversas alterações do ciclo reprodutivo, desde a ocorrência de amenorréia (ausência de menstruação), disfunções de ovários com ciclos anovulatórios, menopausa prematura, até relatos de maior risco para infertilidade, abortamento espontâneo, intervenções cirúrgicas ginecológicas e prejuízos para o desenvolvimento fetal (Roman, 1988; Mello e cols.,1989; Carrara & cols., 1993).

Um estudo de Valimaki e cols. (1995) utilizando controles hormonais e ultra-sonográficos não revela alterações significativas na função ovariana de mulheres alcoolistas. Confirmam-se, entretanto, níveis significativamente maiores de testosterona (65%) durante a fase lútea dessas mulheres, quando comparadas a controles, refletindo um desequilíbrio hormonal.

Quando ocorrem fases de maior liberação de estrógeno, observamos maior desconforto ao consumo alcoólico nas mulheres. A explicação para tal acontecimento é que há, nesses períodos, acúmulo maior de um composto formado pela metabolização do álcool – o acetaldeído (Eriksson e cols., 1996). Assim, elevados níveis de estrógenos poderiam estar associados ao maior desconforto com o consumo alcoólico.

Consumo crônico de álcool: impacto sobre os aspectos endócrinos

Sabe-se que o consumo abusivo de álcool estaria associado, freqüentemente, à ocorrência de hiperprolactinemia – níveis séricos duas a quatro vezes maiores que os normais do hormônio prolactina (Valimaki e cols., 1990; Teoh e cols., 1992). As concentrações séricas de estrógeno durante a primeira fase do ciclo menstrual estariam reduzidas, enquanto haveria aumento dos níveis de dois tipos de hormônios androgênicos – a androstenediona e a testosterona livre. Tal padrão androgênico (semelhante ao perfil hormonal masculino), independentemente de a mulher ser obesa ou não, leva ao aumento da concentração de gordura intra-abdominal nas mulheres, oferecendo riscos de doenças cardiovasculares, diabetes mellitus e acidente vascular cerebral (AVC).

Gostaria de enfatizar as repercussões do alcoolismo sobre a regulação do ciclo menstrual, pois é comum as mulheres apresentarem ciclos irregulares ou amenorréia.

Outra conseqüência clínica do consumo crônico de álcool é a hipersecreção de cortisonas, resultando, em casos graves, no surgimento de quadros de "pseudoCushing", com prevalência de 6% a 40% entre os alcoolistas em geral (Groote-Veldman e Meinders, 1996). A Síndrome de Cushing é caracterizada por um conjunto de sinais e sintomas do excesso de cortisona (um dos hormônios produzidos pela glândula supra-renal), como aumento de peso com depósito de gordura no tronco e no pescoço, a conhecida "giba". A gordura também se deposita no rosto e na região malar ("maçãs do rosto"), onde a pele fica avermelhada e é conhecida como face de "lua cheia". Ocorre ainda afilamento dos braços e das pernas, com diminuição da musculatura – o paciente se queixa de fraqueza muscular. Nas mulheres, além de alterações de humor, ocorrem sintomas como irregularidade menstrual e surgimento de pêlos na face, no tórax, no abdome, nos braços e nas pernas. Hipertensão e diabetes podem ocorrer na evolução. Os tecidos adiposos intra-abdominais seriam particularmente sensíveis a essa hipersecreção.

Certas características do alcoolismo feminino são gênero-específicas. A importância desse conhecimento é que os tratamentos devem ser baseados nas peculiaridades para melhores resultados.

Podemos citar:

• O *telescoping effect*, ou seja, as mulheres iniciam o consumo de álcool mais tarde que os homens, embora o início do tratamento ocorra na mesma época. Caso iniciem o alcoolismo precocemente, o padrão da evolução e o prognóstico são semelhantes ao masculino. Portanto, o curso da dependência e das lesões orgânicas é mais rápido nas mulheres.

• As mulheres costumam ingerir maiores quantidade de álcool em menores intervalos de tempo, podendo essa característica ser influenciada por fatores hormonais oscilantes ao longo dos ciclos menstruais.

• O consumo de álcool é realizado de forma isolada e solitária em mulheres de meia-idade, a partir de eventos negativos, como separação conjugal, viuvez e saída dos filhos de casa (Síndrome do "ninho vazio"). Geralmente o consumo é estimulado por conflitos afetivo-emocionais, e não pela droga em si. As mulheres sempre dão uma tônica ao sofrimento, ou seja, contam uma história da vida na qual o alcoolismo se inclui. A mulher alcoólica é muito estigmatizada pela sociedade, e ela mesma encara o alcoolismo com preconceito.

• A maior parte das mulheres alcoólicas tem histórias de relações pouco estáveis e duradouras, com maior sensibilidade aos eventos estressantes da vida, como, por exemplo, alterações dos papéis de mãe na menopausa, violência doméstica e agressões sexuais.

• As mulheres alcoolistas geralmente têm histórias de abuso sexual na infância e maior prevalência de comorbidades psiquiátricas, como anorexia e bulimia nervosas (transtornos alimentares), depressão e transtornos ansiosos.

• O companheiro da mulher normalmente é alcoolista e influencia de maneira intensa o comportamento da parceira.

• As mulheres tendem a fazer uso associado de drogas lícitas (tranqüilizantes e anfetaminas), ao contrário dos homens, que geralmente associam o álcool a drogas ilícitas, como maconha ou cocaína.

• As complicações orgânicas (cirrose, pancreatite, cardiopatia alcoólica) são mais graves e precoces. Estudo brasileiro realizado na USP, em Ribeirão Preto, detectou a tendência de as mulheres demorarem menos tempo para terem lesões orgânicas. A proporção de morte mulher:homem secundária ao alcoolismo é de 5:3. Fatores como peso corpóreo menor, maior quantidade de gordura e menor água corpórea fazem com que os níveis de álcool no sangue sejam mais altos em mulheres, e, por último, os níveis oscilantes de hormônios também podem levar a maiores concentrações séricas de álcool, com prejuízos maiores à saúde delas em relação à dos homens.

• *Delirium tremens* (rebaixamento do nível de consciência acompanhado de tremores, sudorese, taquicardia, agitação psicomotora, delírios e alucinações que ocorrem na abstinência grave do álcool) é menos freqüente nas mulheres.

• Certas características de personalidade, como, por exemplo, baixa tolerância à frustração, sensibilidade perante as dificuldades, necessidade de gratificação imediata de desejos, impulsividade em situações difíceis devido ao equilíbrio psíquico precário e medo de ser julgada ou criticada, levam essas mulheres à maior predisposição ao uso abusivo do álcool.

• Geralmente, as mulheres tentam mais o suicídio do que os homens. O fato de terem maridos e/ou filhos companheiros e afetivos diminui esse risco e facilita a adesão da mulher ao tratamento.

• Os níveis culturais e socioeconômicos não são fatores predisponentes ao abuso do álcool. No Hospital das Clínicas, cerca de 50% das mulheres dependentes têm ensino médio ou superior completos e boa situação econômica. Atribuir à falta de estudo e de poder econômico a causa do alcoolismo é puro preconceito, sem base científica comprovada.

Os perigos da bebida durante a gravidez

Os efeitos do álcool são desastrosos e extremamente importantes. As pessoas acabam minimizando o impacto do uso do álcool durante a gravidez, principalmente nas mulheres que utilizam doses menores e aceitáveis do ponto de vista social. A incidência de alcoolismo é subestimada. Até mesmo concentrações pequenas de álcool – em torno de duas latinhas de cerveja – já causam danos ao feto.

O consumo de álcool entre as gestantes é mais comum do que se pensa. Nos Estados Unidos, estima-se que, anualmente, 65% dos fetos sejam expostos, em graus diferentes, ao álcool. No Brasil, ainda faltam dados epidemiológicos consistentes. Até médicos experientes acabam não perguntando, de forma adequada, sobre o uso – abusivo ou não – de álcool na gestação. O álcool ingerido atravessa a placenta, e o feto recebe as mesmas concentrações que a mãe. Porém, não podemos nos esquecer de que os processos de metabolização e eliminação fetal são mais lentos – ou seja, os prejuízos são muito mais significativos. Então, o que é beber socialmente? Tal conceituação é muito contraditória. Álcool zero na gestação é o recomendado, em linhas amplas. As seqüelas fetais dependem de vários fatores, como os hábitos de vida da mãe, a quantidade ingerida de álcool e os aspectos metabólicos tanto fetais quanto maternos. Os antecedentes familiares e pessoais são igualmente importantes. Filhos de mães com essas características têm chance maior de desenvolver a Síndrome Alcoólica Fetal (SAF), um distúrbio que afeta, segundo a Organização Mundial de Saúde, 12 mil bebês por ano. As crianças com a doença apresentam peso abaixo da média, lesões cerebrais e malformações congênitas que afetam coração, boca, rins, olhos e até genitais, entre tantos órgãos. Há sérios prejuízos cognitivos – ou seja, tais crianças vão apresentar grandes dificuldades de aprendizado, desenvolvimento e adaptação ao mundo. Outras drogas, como a cocaína, com alto poder de dependência, também têm efeitos devastadores sobre a mãe grávida e o feto. Aqui podem ocorrer surtos psicóticos sérios na mãe (alucinações e delírios), com riscos de agressão ao bebê, bem como infartos e derrames maternos na gravidez. Há malformações fetais graves, abortamento espontâneo, parto prematuro de alto risco e sintomas graves de abstinência, com risco de morte do recém-nascido. Quando falamos em drogas, é impossível estabelecer padrões de consumo seguros.

Diretrizes do tratamento de alcoolismo feminino

Devemos ter em mente que a adesão ao tratamento e a evolução do alcoolismo são semelhantes entre homens e mulheres, exigindo-se, porém, recurso técnico e humano gênero-específico.

O tratamento medicamentoso e psicoterápico do alcoolismo feminino deve ser realizado por equipe multiprofissional, sendo as mulheres separadas por grupos etários.

Como as mulheres têm mais questões afetivas envolvidas, deve haver programas de psicoterapia e suporte de equipe específicos que favoreçam a intimidade, o calor e a livre troca afetiva. As psicoterapias de grupo exclusivamente feminino devem servir de espaço para reflexão, onde a mulher busque sentido para suas vivências. Os focos da psicoterapia devem envolver: a) reconstrução do relacionamento interpessoal; b) construção de identidade pessoal; c) questões da maternidade; d) estratégias para lidar com fontes de estresse. O tratamento jamais deve ser enfocado na dependência, mas nas questões envolvendo a complexidade de vida das mulheres.

É importante enfatizar que, embora esses tratamentos específicos levem a menores índices de abandono ao tratamento e à maior participação em atividades de grupo, isso não é indicativo de sucesso terapêutico a longo prazo.

Transtornos depressivos e ansiosos costumam estar associados ao alcoolismo feminino e merecem tratamento medicamentoso com antidepressivos. Muito cuidado deve ser tomado na prescrição de ansiolíticos (popularmente denominados "calmantes"), porque mulheres alcoolistas geralmente fazem uso abusivo deles. Também não devemos nos esquecer da interação entre álcool, ciclo menstrual e hormônios da mulher quando instituímos um tratamento. A utilização de antidepressivos pode ser necessária em pacientes com depressão e ansiedade.

Em relação aos medicamentos específicos para alcoolismo, temos poucas opções, apesar dos avanços a partir da década de 1990. A naltrexona, droga que bloqueia no cérebro os receptores opióides existentes nos neurônios responsáveis pelos efeitos euforizantes do álcool; o acamprosato, que bloqueia a liberação do neurotransmissor glutamato, produzido em quantidades excessivas pela exposição continuada a doses altas de álcool, e reduz a intensidade dos sintomas de abstinência, porém com resultados contraditórios; e o topiramato, usado também em casos de epilepsia, enxaqueca e transtornos alimentares, capaz de reduzir o número de drinques diários, são exemplos de tratamentos farmacológicos do alcoolismo.

Concluindo, novos estudos envolvendo dependência de álcool e drogas em mulheres devem ser propostos e realizados, a fim de que a ampliação dos conhecimentos proporcione tratamentos especializados em relação ao gênero feminino, levando-se em conta as características biopsicossociais inerentes às mulheres, atingindo-se, dessa forma, resultados mais eficazes e duradouros.

Capítulo 12

O desespero pelo emagrecimento e as vítimas da anfetamina

A anfetamina é um agente denominado simpatomimético, ou seja, de ação indireta e estimulante do sistema nervoso central (SNC), inibidora do apetite, com elevada ação de aumento de adrenalina no aparelho cardiovascular, podendo levar a hipertensão arterial (pressão alta), distúrbios do ritmo cardíaco e insônia em pacientes predispostos. Em doses altas, pode levar a um quadro psicótico agudo (delírios, alucinações, alterações de juízo e crítica). As anfetaminas são drogas sintéticas fabricadas em laboratório. Não são, portanto, produtos naturais. Existem várias drogas sintéticas que pertencem ao grupo das anfetaminas, e como cada uma delas pode ser comercializada sob a forma de remédio, por vários laboratórios e com diferentes nomes, temos no mercado um grande número desses medicamentos disponível. Conhecidas como "bola" ou "rebite", apesar de serem proibidas em sua maioria, no Brasil duas delas são comercializadas sob prescrição médica.

São usuários comuns de anfetamina no mundo todo: caminhoneiros (por provocar insônia), estudantes (por aumentar o poder de concentração), freqüentadores de *raves* (por dar mais energia ao organismo), jovens adolescentes obsessivos por forma física (por provocar perda de apetite e, conseqüentemente, de peso) e profissionais cujo trabalho exija criatividade (por estimular as idéias). Uma enquete da revista *Nature*, divulgada em abril de 2008, alerta que 20% dos cientistas já usaram medicamentos psiquiátricos para manter o estado de vigília, com drogas lícitas como o metilfenidato – utilizado para tratamento de transtorno do déficit de atenção e hiperatividade. Porém, o uso preponderante (femproporex, anfepramona) é por mulheres obesas, com IMC (índice de massa corpórea) acima de 30 kg/m^2. IMC é a divisão do peso pela altura ao quadrado.

Além da dependência química, o uso dessas substâncias pode gerar dependência psicológica, principalmente quando o jovem inicia a vida social por meio delas, adotando comportamentos mais extrovertidos e de engajamento social apenas com seu uso.

Na busca de evidências do uso da anfetamina como tratamento ideal para a obesidade, assim como do montante dos seus efeitos colaterais, há algumas revisões sistemáticas, mas sem abordagem específica. Portanto, não existe nada do ponto de vista científico que substancie a utilização das anfetaminas para a obesidade, apesar das várias décadas de uso clínico. O mesmo ocorre no campo do abuso e dependência das anfetaminas.

A grande controvérsia do uso da anfetamina na obesidade baseia-se em três vertentes: 1) riscos cardiovasculares devido ao aumento de adrenalina; 2) efeito rebote após a cessação do uso, podendo a paciente recuperar os quilos perdidos e mais alguns ou fazer com que mantenha o uso da substância, mesmo estando com o peso normal; 3) sua ação central pode induzir a alterações comportamentais, prejudicando o relacionamento profissional e familiar, ou desencadear doenças latentes, neurológicas ou psíquicas.

Mais de 90% dos usuários de anfetaminas são mulheres, principalmente as que têm sobrepeso ou são obesas. No entanto, mulheres magras, com rígido controle de peso – algumas até por exigências profissionais externas ou aspectos subjetivos (modelos, bailarinas) –, distorção da própria imagem corporal ou portadoras de transtornos alimentares (por exemplo, anorexia nervosa), estimuladas por determinados segmentos sociais e por padrões sazonais midiáticos, são facilmente seduzidas pelo efeito inicial eficaz e rápido das anfetaminas no controle ou diminuição do peso. A maioria não tem nenhuma indicação médica para o uso de remédios à base de anfetaminas como auxiliares na perda de peso. Infelizmente, há venda irregular pela internet e por serviços de telentrega, academias de ginástica e determinados setores de manipulação de medicamentos. Entre 20 e 30 toneladas de matéria-prima para a produção de anfetaminas são fabricadas ou entram no país a cada ano. Sessenta e seis por cento dos usuários consomem a substância por mais de seis meses. É o dobro do tempo máximo tolerado pelos médicos (SNA, 2006). Recentemente, a Anvisa (Agência Nacional de Vigilância Sanitária) tomou medidas regulamentares rigorosas para coibir tal abuso.

O uso da anfetamina deve ser bem avaliado no que diz respeito ao custo-benefício, pois o abuso dessa droga entre pessoas com problemas psiquiátricos também está se tornando comum (Regier e cols., 1990). Um estudo (Blanchard e cols., 2000) mostra que 40% a 50% das pessoas portadoras de esquizofrenia usaram a droga em algum momento da vida. Porém, há discrepância entre os dados, dependendo da metodologia empregada pelo estudo.

A anfetamina possui estrutura química bastante semelhante à das catecolaminas, como a dopamina e a norepinefrina, mas, diferente destas, é capaz de atravessar a barreira hematencefálica.

A dextroanfetamina é três a quatro vezes mais potente que a anfetamina em relação à alteração comportamental. Em estado puro, as anfetaminas têm a forma de cristais amarelados, com sabor intragavelmente amargo. Geralmente ingeridas por via oral em cápsulas ou comprimidos de 5 mg, as anfetaminas também podem ser consumidas por via intravenosa (diluídas em água destilada) ou aspiradas na forma de pó (Wikipédia, 2006).

A anfetamina surgiu no século XIX, tendo sido sintetizada pela primeira vez na Alemanha, em 1887. Cerca de quarenta anos depois, a droga começou a ser usada pelos médicos para aliviar a fadiga, alargar as passagens nasais e bronquiais e estimular o sistema nervoso central. Em 1932, era lançada na França a primeira versão comercial da droga, na forma de pó para inalação.

Durante a Segunda Guerra Mundial, tanto os aliados quanto as potências do Eixo empregaram sistematicamente as anfetaminas para elevar o moral, reforçar a resistência e eliminar a fadiga de combate das forças militares. Em território dos Estados Unidos, entretanto, o uso das anfetaminas por pessoal militar só foi oficialmente autorizado a partir da Guerra da Coréia. A produção febril de anfetaminas para atender aos pilotos da Luftwaffe, a força aérea de Hitler, gerou excedentes que provocaram uma verdadeira epidemia anfetamínica no Japão. Perto do final da guerra, os operários das fábricas japonesas de munição receberam generosos suprimentos da droga, que era anunciada como solução para eliminar a sonolência e embalar o espírito. Como resultado, no período imediato do pós-guerra, o Japão possuía 500 mil novos viciados.

Pouco mais tarde, no início da década de 1950, militares americanos servindo no Japão e na Coréia se transformaram nos primeiros a utilizar o *speedball*, mistura injetável de anfetamina e heroína. Outra epidemia anfetamínica aconteceu na Suécia em 1965, depois que a droga passou a ser fornecida pelo Serviço Nacional de Saúde.

Milhares de pessoas se aproveitaram do fato de a anfetamina ser distribuída gratuitamente para consumir quantidades abusivas, até que a droga foi tornada ilegal algum tempo depois.

Atualmente, a anfetamina é proibida em vários países, sendo encontrada somente de forma clandestina, vinda de outros locais. No Brasil, a substância é comercializada em forma de remédios para tratamento de obesidade e distúrbios psicológicos, sendo encontrada, portanto, em medicamentos que exigem do paciente receita médica controlada.

O consumo dessas drogas no Brasil chega a ser alarmante, tanto que até a Organização das Nações Unidas vem alertando o governo brasileiro a esse respeito. Entre estudantes brasileiros do ensino fundamental e médio das dez maiores capitais do país, 4,4% revelaram já ter experimentado pelo menos uma vez na vida uma droga do tipo anfetamina. O uso freqüente (seis ou mais vezes no mês) foi relatado por 0,7% dos estudantes, sendo mais comum entre as meninas. Outro dado preocupante diz respeito ao total consumido no Brasil: em 1995, atingiu mais de 20 toneladas, o que significa muitos milhões de doses (Cebrid – Centro Brasileiro de Informações sobre Drogas Psicotrópicas, 2006).

Estima-se que cerca de dois milhões de brasileiros consumam regularmente algum tipo de anfetamina. Como já foi dito, no Brasil, a venda é permitida mediante receita médica, atualmente com controle rigoroso da Anvisa. Desde 1998, o uso de anfetaminas chegou a crescer 500% no país, antes das atuais regras estabelecidas.

Nas doses habitualmente empregadas por pessoas que abusam de estimulantes, a euforia e o estado de alerta são acompanhados de uma sensação de poder e bem-estar. Em doses mais altas, podem ocorrer inquietação, agitação e psicose aguda, acompanhadas de hipertensão e taquicardia. A hiperatividade muscular prolongada pode causar desidratação e hipotensão. As convulsões e a hiperatividade muscular podem contribuir para a hipertermia e a rabdomiólise (degradação das fibras musculares). Foram relatadas temperaturas corporais de até 42 °C. A hipertermia pode causar lesão cerebral, hipotensão, alterações da coagulação sanguínea e insuficiência renal. O tratamento consiste em medidas gerais de suporte. Não existe nenhum antídoto específico. As convulsões e a hipertermia, que constituem as manifestações mais perigosas, devem ser tratadas de modo agressivo. Em geral, as convulsões são controladas por benzodiazepínicos por via intravenosa (por exemplo, lorazepam). A temperatura é reduzida com a remoção das roupas, aplicação de água morna e resfriamento evaporativo. Nos casos de temperatura corporal muito alta, utiliza-se a paralisia neuromuscular para abolir rapidamente a atividade muscular.

Caso clínico

Quando tinha 14 anos, cismei que estava gorda. Então, uma tia conseguiu para mim a receita de uma fórmula para emagrecer. Fiquei impressionada com o resultado. Nas duas primeiras semanas, emagreci sete quilos, sem esforço. Mas, quando parei de tomar o remédio, engordei tudo de novo e entrei num círculo vicioso. Sabia que aquelas pílulas só me faziam ficar agitada, sem sono e irritada, mas não conseguia largá-las. Há seis meses, queria emagrecer rápido para uma festa e tomei mais um vidrinho. Não adiantou muita coisa e resolvi que seria a última vez. Sei que continuo acima do peso, mas não quero mais estragar minha saúde. Estou me alimentando melhor, malho todos os dias e decidi que o uso de anfetaminas vai ser o tema da minha monografia.

***

Os fatos apresentados resumidamente alertam para um sério problema na saúde pública que deve ser enfrentado pelos profissionais e pelos serviços de saúde: o consumo de drogas por mulheres, muito difundidas em ambientes de trabalho, internet e academias. Exige-se dos profissionais envolvidos amplo processo de formação técnica, orientação e ética, além da colaboração na destituição de modelos socialmente impostos e transitórios de beleza corporal. Sem uma abordagem completa e harmônica dos diversos níveis de segmentos sociais, tudo fica impossibilitado de êxito pleno.

As diferenças sociais nas relações de gênero, com modelos de consumo de drogas tipicamente femininos, ainda são incipientes na construção de políticas específicas de saúde mental da mulher. Perante tais fatos apresentados, recomenda-se a realização de estudos na perspectiva de investigar outros aspectos relacionados à visibilidade do consumo de drogas por mulheres (Oliveira e cols., 2007).

A complexidade e diversidade dos problemas gerados pelo fenômeno das drogas, entendido como produção, comércio e consumo, têm gerado impactos distintos para as sociedades. Em relação à saúde, os vários problemas decorrentes do consumo (uso e abuso) de drogas têm demandado maior envolvimento e atenção dos profissionais, com vistas a implantar e implementar políticas públicas e ações visando resolvê-los e/ou minimizá-los.

Mundialmente, o consumo de substâncias psicoativas – SPA – ainda é maior entre os homens, de acordo com dados apresentados no Relatório Mundial sobre Drogas, de 2005. Entretanto, a diminuição da proporção entre homens e mulheres para as drogas de modo geral e a predominância do uso de medicamentos, mais especificamente benzodiazepínicos, estimulantes e anorexígenos, por mulheres vêm sendo registradas em muitos países. A tendência à "igualdade de gênero" no consumo de drogas é justificada por mudanças ocorridas no estilo de vida das mulheres, sobretudo no último século.

No Brasil, dados do I Levantamento Domiciliar sobre o Uso de Drogas Psicotrópicas, realizado em 2001, confirmam esse panorama. O referido levantamento foi construído com amostra de 41,3% da população total do país, sendo 57% de pessoas do sexo feminino. O álcool e o tabaco foram apontados como os problemas de saúde pública mais proeminentes no país, com maior percentual de uso entre pessoas do sexo masculino. O uso de maconha (6,9%) e solvente (5,8%) foi predominante também entre os homens. O uso de benzodiazepínicos e anfetamínicos mostrou-se, porém, três vezes maior entre as mulheres.

Embora informações sobre mulheres usuárias de drogas, entre elas as anfetaminas, sejam escassas, estudos nacionais e internacionais recém-publicados destacam o enfrentamento de barreiras de ordem estrutural, sistêmica, social, cultural e pessoal pelas mulheres na busca e permanência de tratamento no consumo de drogas psicoativas. Preconceito e discriminação, sobretudo por parte de profissionais da saúde, são apontados como as principais barreiras. A pouca visibilidade de usuárias de drogas em serviços especializados constitui preocupação recente na agenda de formadores políticos e de órgãos financiadores.

Geralmente, depois da interrupção do tratamento com esse tipo de composição mirabolante de fórmulas para emagrecimento, que muitas vezes são prescritas como sendo naturais, é preciso cuidado redobrado. Quem consumiu remédios para emagrecer costuma engordar mais do que antes e apresenta mais dificuldade para perder peso, já que, depois de uso continuado da anfetamina, o metabolismo fica lento e a capacidade de queimar gordura diminui. Inibidores de apetite em conjunto com medidas de reeducação alimentar e atividades físicas podem ter papel importante no tratamento da obesidade, mas seu uso não pode ser vulgarizado de maneira nenhuma. Quem quer emagrecer precisa de acompanhamento médico sério, com enfoque multiprofissional. Acreditar apenas em formulações contendo as populares "bolinhas" é ineficaz e muito arriscado. A melhor solução para um emagrecimento saudável e definitivo permanece, então, bem distante das promessas das fórmulas e dietas da moda. A adoção de alimentação balanceada e a prática de exercícios físicos regulares continuam a ser a escolha mais adequada. Além da mudança de hábitos e, claro, muita persistência.

Não há fórmulas mágicas como alguns marqueteiros apregoam. A farmacologia da obesidade ainda é muito limitada, com poucas opções. Nos próximos anos, provavelmente tal realidade mudará com a nova era da farmacogenômica e o melhor entendimento das vias metabólicas complexas que regulam, por exemplo, a queima de gorduras, o apetite e a saciedade.

O consumo de substâncias psicoativas não é recente. O conhecimento deste hábito tem origem em séculos anteriores, em que sociedades primitivas fizeram delas uso e modo ritualísticos. As décadas de 1960 e 1970, no entanto, experimentaram uma verdadeira explosão do consumo de substâncias psicoativas pelos jovens.

O fato de as primeiras experiências com anfetaminas ocorrerem com maior freqüência na adolescência evidencia a importância de estudar este grupo, pois os jovens estão cada vez mais obcecados com a forma física em detrimento da saúde física e mental.

Compreende-se que os medicamentos para emagrecimento – especificamente os que contêm anfetamina – são cada vez mais consumidos por jovens e adultos, e que se tornam fator prejudicial à saúde a partir do momento em que são usados de modo corriqueiro, sem acompanhamento médico.

As anfetaminas são substâncias químicas que causam dependência, com efeitos colaterais graves e sistêmicos, mas que mesmo assim ainda são utilizadas, na maioria das vezes, sem orientação médica, por uma grande quantidade de pessoas que querem perder peso.

Essas pessoas optam pelo mais cômodo e fácil – a utilização pura e simples do medicamento –, esquecendo-se de que o peso corporal é proporcional à ingestão calórica, e de que, para sua perda, se faz necessária uma tríade fundamental: dieta balanceada, atividade física e uso de medicação sob prescrição e acompanhamento médico.

Nos dias atuais, até mesmo pessoas consideradas esbeltas ou magras preocupam-se em demasia com a forma física, mesmo que isso custe a própria saúde e a qualidade de vida. Segundo o antropólogo francês David Le Breton, conhecido como o maior especialista do mundo em corporeidade, a análise do corpo no contexto social proclama que este não pode ser visto como unidade do homem, sob pena de insegurança absoluta escondida numa boa ou má aparência. "Corpo e ser são indissociáveis, tanto que não dizemos 'ali vai aquele corpo', mas 'ali vai aquela mulher ou aquela pessoa', afirma o mestre de Estrasburgo e membro do Institut Universitaire de France. E implora para que as pessoas cuidem de sua sanidade mental, cultivem a inteligência e o interesse, envolvam-se com as questões mais profundas dos apelos da alma e busquem um sentido espiritual de sua existência, jamais fazendo do corpo o único e absoluto valor, o objeto de consumo, assinado como se fosse um *design* em nome da aprovação determinada hoje pela mídia – o que não diminui a importância corpórea como um todo, pelo contrário. O corpo não é apenas um suporte; é a raiz identificadora, nossa comunicação com o mundo. Faz parte da individuação plena. A vaidade não só é necessária como também é um importante recurso de auto-estima, desde que não ultrapasse o limite saudável do psiquismo: o de estar além de nossos anseios internos, das pequenas vitórias da ética e da dignidade, o que nos garante o auto-respeito e a verdadeira autoconfiança (Luiz Alca de Sant'anna). A sagrada interioridade não pode ser escravizada pelo marketing massacrante. Como dizia Saint-Exupéry, "o essencial é invisível aos olhos; só se vê com o coração".

Capítulo 13

Os enigmáticos mundos dos transtornos borderline e bipolar

Sentimentos intensos e confusos, flutuações rápidas e variações no estado de humor, comportamento autodestrutivo e automutilante, impulsividade e agressividade e sensação de vazio profundo marcam o transtorno de personalidade borderline (TPB). Não é raro confundir mulheres que apresentam esses sintomas com pacientes bipolares. Na minha prática clínica, o TPB costuma estar entre os casos de doença mental feminina mais difíceis de serem abordados ou tratados. Tanto que muitos médicos e psicólogos, quando deparam com tais pacientes, sentem-se até mesmo despreparados e temerosos, encaminhando-os a outros especialistas.

Caso clínico

A paciente Ruth (nome fictício) tem 32 anos, possui curso superior em administração, instabilidade empregatícia, é separada e tem um filho de 9 anos. Refere que desde a adolescência se sente isolada e não-amada pelos pais, sempre severos na educação dela e dos irmãos, com constantes brigas entre eles. "Minha mãe era como se fosse uma pedra de gelo; só cuidava dos aspectos materiais dos filhos. Ela tinha um comportamento instável: do nada ficava irritada, agressiva, parecendo estar possuída." Ruth conta que tem poucos amigos e que passa por períodos de muita "depressão". Sente-se discriminada ao se aproximar das pessoas ("a fase de encantamento dura pouco; todos, mais cedo ou mais tarde, me decepcionam"). Apesar das dificuldades de relacionamento, tinha notas razoáveis no colégio, entrando para a universidade aos 18 anos. Nessa época, as dificuldades pioraram, uma enorme sensação de vazio tomou conta dela, não via sentido para continuar vivendo e, em muitas ocasiões, sentia-se sem identidade. Ruth começou a se cortar em várias regiões do corpo, sentindo uma espécie de alívio estranho de sua dor psíquica. Conheceu o ex-marido aos 21 anos, com o qual se casou aos 23. Sentia-se pouco amada e correspondida no casamento, com altos e baixos, chegando a ter explosões de raiva e crises de choro. Após o nascimento do filho, o sentimento de exclusão aumentou ainda mais, e Ruth apresentou sérias dificuldades para transmitir afeto à criança. Chegou a tentar suicídio e foi internada nessa ocasião.

Os transtornos de personalidade afetam todas as áreas de influência da personalidade de um indivíduo – o modo como ele vê o mundo, a maneira como expressa as emoções, o comportamento social. Caracteriza um estilo pessoal de vida mal-adaptado, inflexível e prejudicial a si próprio e aos conviventes. Essas características, no entanto, apesar de necessárias, não são suficientes para a identificação dos transtornos de personalidade, pois são muito vagas.

A maneira mais clara como a classificação deste problema vem sendo tratada é com a subdivisão em tipos de personalidade patológica. Na prática, verificam-se manifestações diversas e até opostas para o mesmo problema, daí a importância dos critérios de diagnóstico.

Traços de personalidade

Para falar de personalidade, antes é preciso entender o que vem a ser traço de personalidade. O traço é um aspecto do comportamento duradouro da pessoa; é sua tendência à sociabilidade ou ao isolamento, à desconfiança ou à confiança nos outros. Por exemplo: lavar as mãos é um hábito, mas a higiene é um traço, pois implica manter-se limpo regularmente escovando os dentes, tomando banho, trocando as roupas, etc.

Pode-se dizer que a higiene é um traço da personalidade de uma pessoa depois que os hábitos de limpeza se arraigaram. O comportamento final de uma pessoa é o resultado de todos os seus traços de personalidade. O que diferencia uma pessoa de outra é a amplitude e intensidade com que cada traço é vivido.

Por convenção, o diagnóstico só deve ser dado a adultos, ou no final da adolescência, tendo em vista que, na maioria das vezes, a personalidade só está completa nessa época. Os diagnósticos de distúrbios de conduta na adolescência e pré-adolescência são outros.

O transtorno de personalidade borderline

Em 1905, Kraepelin já escrevia que existiam diversos estados "limítrofes" entre insanidade e condições normais ou apenas estranhas. Ao mesmo tempo, a psicanálise estava desenvolvendo um conjunto de conceitos e uma prática científica que, mais tarde, iriam possibilitar falar sobre a personalidade borderline. No início, porém, a maioria das pesquisas dentro da abordagem psicanalítica envolvia distúrbios considerados neuróticos em pessoas relativamente bem-adaptadas socialmente (Mack, 1975).

Havia métodos diferentes para o tratamento de pacientes classificados como neuróticos ou psicóticos. Essa classificação estava bem definida a partir da teoria freudiana, que havia desenvolvido um modelo explicativo da formação da personalidade, que englobava as defesas do ego, esclarecendo diferenças fundamentais entre a psicogênese, a estrutura de personalidade e os mecanismos de defesa de neuróticos e psicóticos (Mack, 1975; Millon, 1981).

Aos poucos começou a ficar evidente um grupo de pessoas que não se conformava com essa dicotomia. Eram indivíduos que apresentavam sintomas neuróticos, mas que numa análise apurada não se encaixavam nesse diagnóstico. Adolf Stern foi, de acordo com vários autores (Mack, 1975; Pfeiffer, 1974; Millon, 1981), o primeiro a descrever formalmente este grupo residual sob o nome *borderline*. A partir da década de 1940, apareceram mais esboços conceituais. Deutsch denomina de personalidade *as-if* ("como se") aqueles indivíduos que se comportam como se mantivessem uma relação genuína e completa com a realidade. É como se respondessem adequadamente às circunstâncias da vida, mas transmitem uma pseudo-afetividade em que, apesar de aparentemente tudo estar bem, no íntimo há uma vivência de vazio (Pfeiffer, 1974).

A teoria kleiniana, com seus conceitos de cisão, objetos bons e maus e identificação projetiva, possibilita falar sobre a instabilidade e o quadro clínico caótico apresentado pelo borderline. Segundo Fairbairn (1952, citado em Guntrip, 1974), por exemplo, o paciente tem impulsos perigosos. Seu ego é infantil e dependente. Isso se dá, de acordo com o autor, devido a uma falha na relação objetal materna – a mãe não o ama por ele mesmo. A não ser que as relações objetais sejam boas suficientemente para manter a criança em contato genuíno como o mundo externo, esta pode vir a ser progressivamente mais dominada pelo medo e perder o contato com a realidade externa, voltando-se para o mundo da fantasia.

Tais formulações foram integradas por Otto Kernberg (1967) em sua organização de personalidade borderline. Ele propôs uma nova teoria das relações objetais que enfatiza a importância das relações com pessoas significativas em geral, desde o nascimento, sob o impacto de afetos fortes, internalizadas como memória afetiva. As pessoas absorveriam o que ocorre ao seu redor. O ego armazenaria informações, integrando-as e aprendendo a selecionar o que é importante, bom, ruim, útil e perigoso. Isso tornaria possível o controle do próprio corpo, e, gradativamente, um mundo interno vai sendo construído. A possibilidade de falhas nesses processos podia explicar de maneira mais elegante do que a teoria tradicional o quadro clínico do paciente borderline (Kernberg, 2003a, 2003b).

Essa teoria se tornaria o veículo mais importante da popularização do conceito borderline. Kernberg aponta em seu livro *The Seeds of the Self* (2003) um aspecto interessante do contexto histórico dos anos 1960, em que a psicanálise estava marginalizada, sendo, portanto, retirada dos cursos de psiquiatria. Uma forte crítica dizia que a psicanálise era lenta, com alto custo, e que não estava sendo eficaz. Pode-se imaginar uma comunidade cujas perspectivas de emprego e status científico estavam ameaçadas. A psicanálise estava sendo ameaçada. As contingências de sobrevivência desta "cultura" científica favoreceram mudanças nas práticas dos estudiosos e clínicos que constituem a psicanálise. Isso ocorreu a partir da proposta de Kernberg, que, ao criar uma "nova psicanálise", argumentava superar a rigidez e impotência da velha-guarda.

De acordo com a visão de Skinner (1974), ao construir um "saber", o cientista está sob controle (embora nem sempre tenha consciência disso) não só do objeto que está analisando, mas também de sua história em particular, que moldou uma ou outra forma de pensar, e ainda deve-se considerar que está inserido numa sociedade, que reforça certas linguagens na descrição dos objetos que estuda.

Percebe-se que os "novos" psicanalistas apresentaram um novo discurso para se restabelecer. Em termos da análise funcional, pode-se dizer que as contingências socioverbais, empregatícias e econômicas da época modelaram o comportamento dos autores. O público (isto é, colegas e instituições), cujas reações são conseqüências importantes (reforçadores e punições) do comportamento verbal do científico, constitui-se num conjunto de contingências poderosas, o que não significa, contudo, que utiliza conscientemente essas estratégias. A seleção por conseqüências apenas significa que as condições numa dada sociedade reforçam as práticas culturais mais eficazes. Assim, as novas práticas verbais estão sob controle do objeto da teorização (no caso do termo *borderline*, isto é, a realidade no consultório) e da evolução sociocultural.

Uma vez que o significado de um termo é função da história da comunidade em que emergiu, torna-se primordial reportar ao comportamento dos cientistas da época e de suas práticas para a produção do conhecimento. É muito importante ter a possibilidade de entender essa patologia como resultado dos contextos interpessoais e familiares da modernidade. Sugere-se que é esta análise que tornou o conceito acessível à terapia comportamental.

Nos anos 1950, Wolberg e Frosh (Millon, 1981), e principalmente Knight (Mack, 1975; Pfeiffer, 1974; Chessick, 1974; Millon, 1981), são citados como autores que contribuíram para a descrição da categoria limítrofe (borderline). Parecia que a psicopatologia precisava ser revista. Havia uma dicotomização das patologias em termos neuróticos ou psicóticos de um lado, e a existência de pessoas que manifestavam uma combinação de características tanto neuróticas quanto psicóticas de outro. Descrevendo este grupo com os termos existentes na época, como estando na fronteira entre o neurótico e o psicótico, surgiu a utilização do termo *borderline*.

No fim do século passado, o transtorno de personalidade borderline se estabeleceu como categoria importante na psicopatologia. Emergiu da abordagem psicanalítica, num contexto histórico específico que a ele possibilitou conquistar em poucas décadas um lugar de destaque na abordagem psiquiátrica oficial.

De um conceito opaco e questionado nas margens da nosologia, transformou-se num diagnóstico que, sustentado pela autoridade do DSM – Manual Diagnóstico e Estatístico de Transtornos Mentais da Associação Psiquiátrica Americana –, se aplica a uma porcentagem importante da população psiquiátrica. Além disso, um tratamento comportamental foi empiricamente validado como terapia de preferência para esse transtorno.

O conceito de transtorno de personalidade borderline (TPB), como apareceu descrito pela primeira vez no DSM, em 1980, foi desenvolvido com a preeminente colaboração de Teodore Millon. Seu envolvimento como clínico e teórico com os transtornos de personalidade era de longa data, e seu papel em tornar o conceito diagnóstico acessível a terapeutas comportamentais foi relevante.

Sob influência do modelo interpessoal de Leary e das abordagens de aprendizagem (incluindo a teoria de Skinner), Millon (1969) propôs uma abordagem por meio da aprendizagem biossocial. Acentuava que a personalidade era formada por fatores biológicos combinados e interagindo reciprocamente com as experiências no decorrer da vida.

Assim, se o bebê é alegre e adaptável, torna-se mais fácil cuidar dele, e então a mãe teria uma atitude positiva. Já se a criança é ansiosa e nervosa, os cuidados dispensados consomem mais tempo, e a mãe pode reagir com desânimo e/ou hostilidade. Há investigações que demonstram esse jogo recíproco de influências (Gewirtz e Boyd, 1977).

Millon (1969) defende que a criança inicialmente explora o ambiente, apresentando grande flexibilidade e mutabilidade dos padrões de comportamentos. Na sua interação com as pessoas, seus comportamentos vão sendo selecionados pelas conseqüências que provocam. Portanto, as experiências levam ao aprendizado de estratégias adaptativas que passam a caracterizar nossa maneira de nos relacionarmos com os outros – ou seja, nossa personalidade. Os comportamentos persistem em função de uma história de reforço intermitente e, por isso, são altamente resistentes à extinção.

A etiologia da psicopatologia é explicada seguindo o mesmo raciocínio. Tanto a normalidade quanto a patologia devem ser consideradas como pontos num *continuum*. Isso significa que não há como definir uma linha divisória clara entre o normal e o patológico, uma vez que o comportamento pode ser adequado em dado momento, e não em outro, dada a circunstância (Millon, 1969, 1981).

Millon e a inovação da noção de psicopatologia

A influência do trabalho apresentado por Millon é inegável para a psicopatologia, já que este foi convidado posteriormente a escrever o esboço de critérios operacionais dos distúrbios de personalidade no DSM III e principalmente porque inovou a visão tradicional de "normalidade" e "patologia", reinterpretando-a nos moldes de processos de aprendizagem que poderiam gerar níveis diferentes de saúde ou desadaptação, com uma abordagem sob o enfoque de comportamentos privados e interpessoais, tornando, assim, o transtorno de personalidade acessível à terapia comportamental.

Até então, o conceito era puramente psicanalítico. Segundo Millon (1969, 1981), o funcionamento da personalidade pode ser analisado a partir da combinação de dois elementos: os comportamentos interpessoais e os tipos de reforçadores procurados. Ele propôs uma taxonomia de transtornos de personalidade baseada nestes princípios, com as respectivas explicações etiológicas.

O ponto central para a compreensão do paciente borderline nesta visão é que, embora utilize diversas estratégias extremas e incoerentes, cuja finalidade é a busca permanente para evitar rejeição, acaba perpetuando suas dificuldades e impedindo esforços por uma vida melhor, já que fracassa em alcançar suas metas, resultando, assim, em relacionamentos marcados por hostilidade, ansiedade e conflitos, que conseqüentemente conduzem a comportamentos ainda mais desesperados (Millon, 1981).

Características e classificação

Nos anos subseqüentes, esforços foram feitos para a criação de um manual descritivo, adotando linguagem clara, que facilitaria o diagnóstico, com a pretensão de ser ateórico. Distancia-se de uma visão contextualista, como a de Skinner, à medida que se preocupa com a descrição topográfica dos diversos transtornos. A última versão do Manual Diagnóstico e Estatístico de Transtornos Mentais foi o DSM–IV–TR (APA, 2002).

O indivíduo com transtorno de personalidade borderline (TPB) apresenta padrão instável no que se refere a relacionamentos interpessoais, auto-imagem e afetos, padrões constantes de impulsividade, presentes em uma variedade de contextos, tendo início na idade adulta, preenchendo cinco ou mais características como as descritas na tabela a seguir.

CRITÉRIOS DIAGNÓSTICOS DO TPB*

1. Esforços para evitar abandono real ou imaginário – pessoas intolerantes à solidão.

2. Padrão de relacionamentos interpessoais instáveis e intensos, em que a pessoa alterna entre extremos de idealização e desvalorização.

3. Perturbação da identidade – instabilidade constante da auto-imagem ou do sentimento do "eu".

4. Impulsividade em duas ou mais áreas, prejudicando significativamente a vida (sexo, abuso de substâncias, comer compulsivamente, etc.).

5. Comportamentos, gestos ou ameaças de suicído ou comportamentos automutilantes.

6. Instabilidade afetiva – oscilação freqüente de humor.

7. Sentimentos crônicos de vazio.

8. Raiva intensa ou dificuldade em controlá-la.

9. Episódios de ideação paranóides relacionados ao estresse e a sintomas dissociativos intensos.

---

* Segundo o DSM-IV-TR (APA, 2002).

Uma pergunta relevante é: será útil uma classificação como a apresentada no DSM–IV–TR (APA, 2002) dentro de uma proposta contextualista?

Devido aos princípios filosóficos do behaviorismo radical, podem-se apontar objeções ao uso de um manual classificatório. Entre elas, o obscurecimento da individualidade, a possível estigmatização em função do rótulo recebido e a não-identificação de variáveis controladoras do comportamento, pois são estas que direcionam a intervenção. Uma análise topográfica pode distanciar a possibilidade de uma análise funcional, uma vez que ao deixar de identificar a função do comportamento corre-se o risco de punir uma melhora do paciente, por causa de suas características topográficas (Kohlenberg e Tsai, 1987, 1994, 1995b, 2001; Koerner, Kohlenberg e Parker, 1996; Cavalcante e Tourinho, 1998).

Algumas vantagens práticas são apontadas, contudo, por Koerner e cols. (1996) para a utilização de um sistema de classificação diagnóstico. Pode alertar o terapeuta para ocorrências de problemas e melhoras na sessão. Nomear classes de respostas auxilia na identificação de comportamentos similares entre si. Ressalta-se que, sendo os transtornos de personalidade sinônimos de problemas difíceis de tratar, um processo diagnóstico que os identifique leva o terapeuta à maior tolerância às mudanças lentas, em vez de se comportar impacientemente com a demora dos progressos, e aumenta a probabilidade de que reforce as pequenas melhoras, pois considera que a obtenção da saúde é um processo contínuo.

Portanto, a conclusão de um diagnóstico é útil porque pode ter impacto sobre as mudanças no repertório do paciente.

Pesquisas sobre transtornos de personalidade enfatizam a continuidade entre o saudável e o patológico, e, assim, terapeutas influenciados por esses dados podem ser menos suscetíveis a estigmatizar o indivíduo, ou seja, são mais sensíveis à natureza contextual do transtorno e ao reforço de melhoras. Contudo, do ponto de vista behaviorista radical, o sistema classificatório deve ser complementado com uma análise funcional. Por isso, é discutida e descrita a seguir uma visão analítico-comportamental a respeito da formação do eu "normal" e do eu borderline.

A formação da personalidade segundo o behaviorismo radical

A visão do behaviorismo radical mostra similaridades acentuadas com o modelo interpessoal. Ambos rejeitam a existência de um "eu" interior que dirige a ação do outro. Reagem contra o pressuposto de que a personalidade é um "eu" responsável pela ocorrência de comportamentos (Skinner, 1998). Em linguagem behaviorista radical, pode-se definir o "eu" como um conjunto de respostas funcionalmente unificado, sendo que o importante é explicar a unidade funcional desse conjunto, estabelecendo as relações existentes entre as respostas e suas variáveis de controle (estímulos discriminativos e conseqüências) (Sousa e Vandenberghe, 2005).

Personalidade consiste no repertório comportamental de cada um e é multideterminada. Skinner (1998) aponta a importância de entender os três níveis de seleção do comportamento: filogênese, ontogênese e cultura. Esses três fatores se combinam e interagem durante toda a vida, formando o que chamamos de *personalidade*. Ao nascer, apresentamos comportamentos inatos (reflexos). Mas desde o momento inicial as contingências começam a influenciar a probabilidade futura dos nossos comportamentos.

Podemos observar isso já nas primeiras interações de uma mãe com seu bebê. Se a mãe espera a criança chorar para dar-lhe alimento, esta aprenderá que, com o choro, ganha comida. Entretanto, se a mãe a amamenta antes que chore, imaginando que pode estar com fome, o que a criança aprenderá será muito diferente – o alimento será, neste caso, contingente aos comportamentos que para a mãe são dicas de que o bebê está com fome.

Falar em personalidade significa apontar uma tendência a se comportar de dada maneira em função de uma história passada de reforço que é individual. Refere-se, portanto, a um conjunto de comportamentos que ocorrem de forma consistente em muitas situações. Esses padrões são resultantes de um ambiente com contingências consistentes ao longo do tempo. Os pais, por exemplo, não mudam radicalmente a maneira de lidar com os filhos no dia-a-dia. A cultura valoriza e promove padrões coerentes de comportamentos porque é útil para predizer como vão se comportar e facilita a manutenção do funcionamento da sociedade. Há, entretanto, aquelas pessoas que adquirem padrões que não são adequados do ponto de vista cultural, e que, por isso, podem ser consideradas portadoras de transtorno de personalidade (Parker, Bolling e Kohlenberg, 1998).

Vazio existencial

O primeiro estudo sistemático de pacientes borderlines foi publicado por Grinker e cols. (1968). Os autores questionaram a que se devia a emergência da síndrome – características específicas da cultura, como estresse da vida urbana, aumento da ansiedade existencial e várias mudanças tanto na estrutura familiar quanto na social. Desse modo, chamaram a atenção para o funcionamento do paciente em relação ao seu ambiente social e apontaram a possibilidade do surgimento de novos tipos de problemas psicológicos devido a novas condições sociais. Idéia esta corroborada posteriormente por diversos estudos, conforme será apresentado nesta seção.

No que se refere à topografia do TPB, os pacientes com este diagnóstico trazem ao terapeuta sentimento de impotência e confusão, pois afirmam não saber quem são, do que gostam ou o que esperam da vida. Seus comportamentos (tanto públicos quanto privados) tendem a ser contraditórios entre si e mudam rapidamente. É comum estes pacientes desistirem do tratamento ou não aproveitarem bem a terapia. Diante de situações de escolhas, tendem a ter dificuldade para tomar decisões.

É freqüente a tentativa de suicídio em função da intensidade do sofrimento. Muitas vezes, relatam crises de identidade (Conte e Brandão, 2001). Deve-se lembrar, entretanto, que para um diagnóstico comportamental mais importante que a topografia é analisar as funções desses comportamentos na vida de uma pessoa em particular.

O paciente relata, geralmente, "Eu me sinto vazio". Segundo Kohlenberg e Tsai (1991/2001, 1995a), tal declaração ocorre em função da falta de estímulos discriminativos privados que controlam o eu. Quando a experiência do eu depende de estímulos externos, a pessoa pode se sentir instável e insegura. Assim, a sensação descrita como vazio pode ser entendida a partir da ausência de estímulos externos que antes estavam presentes. Além disso, a ausência desses estímulos externos pode levar à sensação de despersonalização. Com isso, a pessoa pode isolar-se, criando um contexto para ser ela mesma, livre do controle dos outros. Muitas podem passar a esquivar-se dos outros tanto física quanto emocionalmente, pois assim não dão oportunidade para que ninguém as controle. Temem perder a identidade ao se envolverem (Melges e Swartz, 1989; Conte e Brandão, 2001; Livesley, 2000).

Kohlenberg e Tsai (1991/2001) apontam que a pessoa se torna capaz de identificar quaisquer mudanças no comportamento dos outros, e estas servem como estímulos discriminativos para que ela mude sua forma de pensar, sentir e ver em relação ao eu. Pessoas com o eu sob controle de estímulos públicos não sabem o que querem, o que podem fazer e o que sentem, a menos que outras lhes digam o que fazer e o que é permitido sentir (Parker e cols., 1998).

Por apresentarem pouco controle privado sobre a experiência do eu, a pessoa pode achar intolerável ficar só. De acordo com Kohlenberg e Tsai (1991/2001), o fato de temerem a solidão se explica não só pela invalidação, mas também pela experiência de negligências, em que suas necessidades básicas não foram atendidas. Enfim, pais que não fornecem suporte emocional quando imprescindível à criança, ou que a deixam só, podem tornar a experiência do eu assustadora e acarretar, assim, na idade adulta, buscas incessantes por companhia.

A pessoa, muitas vezes, busca evitar o sentimento de vazio por meio de encontros casuais. Porém, à medida que ocorre uma aproximação mais íntima, a pessoa fica com raiva, sente-se sufocada e afasta-se. Os comportamentos podem variar. É comum essas pessoas apresentarem raiva excessiva (ou "explosões") e repertórios de esquiva. Podem ir do extremo da idealização do outro até a desvalorização. Costumam expressar necessidade de atenção e intimidade, mas após pequeno período de tempo rejeitar o que o outro oferece, podendo até pôr fim a relacionamentos.

Infância esquecida

Baseados em idéias esboçadas por Millon (1969, 1981), autores comportamentalistas como Wasson e Linehan (1993), Linehan (1993), Linehan, Cochran e Kehrer (2001) e Koerner e Linehan (2002) apontam que indivíduos com TPB apresentam vulnerabilidade biológica que os leva a ser extremamente sensíveis a estímulos emocionais. Em geral, esses indivíduos vêm de famílias em cujo convívio sua própria experiência quando criança foi invalidada, ridicularizada e ignorada. Foi-lhes dito que não estavam sentindo raiva, por exemplo, quando, na realidade, estavam. Além disso, os pais deixariam a mensagem de que pensamentos, sentimentos e emoções devem ser controlados, o que invalida a vivência de dificuldades e a falta de apoio. As respostas da criança que estavam sob controle privado não foram reforçadas positivamente, mas punidas, o que levaria ao reforço negativo de auto-relatos inadequados, pois para evitar conseqüências aversivas a criança passa a vivenciar o *self* a partir de estímulos externos, tornando-a extremamente sensível ao humor e aos desejos dos outros.

Gunderson, Kerr e Woods (1980) realizaram um estudo que apóia as explicações etiológicas para a formação do borderline. Investigaram se havia características específicas que pudessem ser identificadas em famílias borderlines. Para isso, foram comparadas famílias de borderlines a famílias de pacientes psiquiátricos diagnosticados como esquizofrênicos e neuróticos. Entre as características específicas das famílias de borderlines (embora isso não seja, jamais, uma regra geral), pode-se ressaltar o investimento dos pais na relação conjugal em detrimento da relação com a criança, que é negligenciada, pois o casal tende a se atacar utilizando a criança, não lhe oferecendo, portanto, atenção, empatia, apoio e proteção necessários, nem os cuidados básicos. As relações interpessoais são marcadas pela hostilidade e dominação.

A mãe tende a não ser afetuosa. A criança é deixada de lado pelos pais, que se centram nos problemas conjugais. A relação entre pais e filhos tende a ser pobre e distante. Este achado sugere uma possível explicação para a percepção que o borderline apresenta sobre os pais como sendo um "grupo unido e/ou indiferenciado" (Gunderson e cols., 1980). Além disso, apóia as explicações de Linehan da importância da negligência para o desenvolvimento desse transtorno. A negligência, muitas vezes, leva a hospitalizações da criança. Os pais, que não estão aptos a lidar com esse problema, podem tornar-se amargos e nervosos. Desse modo, a criança pode aprender desde cedo a ser responsável por cuidar de outras pessoas e da própria casa (Gunderson e cols., 1980).

Uma análise de psicopatologia nas mães de borderlines demonstrou a presença de diversos transtornos como esquizofrenia, TPB, depressão, bipolaridade, alcoolismo, além de outros comportamentos como autoritarismo, infidelidade, sarcasmo, brigas, abusos verbais ou físicos e punição inadequada aos comportamentos da criança. É comum, entretanto, encontrar psicopatologias em ambos os pais. Assim, de modo geral, os resultados sugerem falta de envolvimento dos pais com suas crianças (Gunderson e cols., 1980).

Os resultados de Gunderson e cols. (1980) são importantes porque foram replicados por outros estudos empíricos de Soloff e Millward (1983) e Livesley (2000), que destacam os mesmos fatores da história de desenvolvimento que contribuem para a formação do borderline. Paris (2000) e Fornagy e Target (2000) revisaram estudos mais recentes acerca da influência da aprendizagem na formação do borderline, que também confirmam os resultados supracitados.

Contexto sociocultural

Kreisman e Straus (1989) e Armony (1998) analisaram como a cultura atual favorece o desenvolvimento do TPB. O avanço tecnológico requer cada vez mais o compromisso individual com estudo e trabalho solitários, sacrificando, assim, a socialização. Além disso, o aumento do índice de divórcio, da utilização de babás, da dificuldade em alcançar relacionamentos íntimos mais estáveis, da necessidade de mudanças geográficas devido às pressões econômicas contribuiu para uma sociedade instável, com solidão, sentimento de vazio, ansiedade, depressão e dificuldade em confiar. O conforto fornecido outrora por familiares e papéis sociais consistentes foram perdidos, piorando os relacionamentos interpessoais e provocando isolamento, já que não se conta com o apoio de um grupo estável e/ou presente (Kreisman e Straus, 1989; Armony, 1998).

De muitos modos a sociedade é um mundo de contradições. Somos levados a acreditar e a defender a paz, embora as ruas, os filmes, os esportes, a televisão etc. sejam marcados por agressão e violência. Fala-se em solidariedade, mas na prática o capitalismo ensina o individualismo. A liberdade de expressão é valorizada no discurso e punida na prática. Ensina-se um mito: a polaridade. As coisas são boas ou ruins, certas ou erradas, brancas ou pretas. Contudo, embora o mundo não seja exatamente assim, as pessoas são levadas a acreditar que é (Kreisman e Straus, 1989; Armony, 1998).

Não é de causar estranheza o fato de que o TPB seja mais freqüente em mulheres. No passado, elas tinham essencialmente um curso de vida: casar, ter filhos, cuidar deles e do lar. Hoje, necessitam conciliar todos esses papéis com o trabalho fora de casa ou, às vezes, tomar decisões sobre o que priorizar, o que pode torná-las confusas e estressadas sobre quem são ou o que querem.

Já os homens tiveram que fazer poucos ajustes na vida. Não precisam desempenhar tantos papéis e não sofrem tantas pressões sociais quanto as mulheres. Concomitantemente ao aumento da liberdade feminina, as responsabilidades também foram maximizadas (Kreisman e Straus, 1989; Armony, 1998). Outro fator importante é a prevalência de inúmeras formas de negligência e violência contra a mulher. Portanto, todos os fatores sociais ressaltados aqui devem ser considerados como possíveis "gatilhos" em pessoas biologicamente predispostas, uma vez que contribuem com as contingências familiares e interpessoais relacionadas ao desenvolvimento do TPB.

Diagnóstico diferencial

Na prática clínica, o diagnóstico de TPB nem sempre é óbvio e fácil. Como o diagnóstico atual é categorial – havendo sintomas semelhantes nos transtornos mentais diferentes – pelo DSM-IV-TR e os limites entre normal e patológico da personalidade podem ser tênues e variáveis no tempo, nem sempre é simples a classificação. Pacientes bipolares também podem apresentar instabilidade de humor, irritabilidade, sensação de vazio quando estão em depressão, comportamento impulsivo em fase de mania, risco de suicídio e comprometimento de relacionamentos interpessoais, entre tantos sintomas comuns. Psicopatologia caracterizada por aceleração de pensamento, idéias de grandeza, mudanças comportamentais muito recentes, libido aumentada, entre outros, pode indicar um diagnóstico mais provável de fase de mania ou hipomania do transtorno bipolar do humor (TBH).

Mais difícil ainda é quando ocorre a comorbidade, ou seja, a associação do TPB com o TBH ou outros transtornos mentais.

Jamais tal diagnóstico psiquiátrico deve ser realizado na primeira consulta médica com o psiquiatra. O acompanhamento constante, por pelo menos seis meses, além da anamnese familiar (história retirada com parentes próximos), são o que irão definir, com precisão, a psicopatologia e o diagnóstico psiquiátrico específico. Não há exames de neuroimagem ou laboratoriais que façam o diagnóstico na atualidade.

Enquanto uma pessoa com depressão ou transtorno bipolar apresenta tipicamente o mesmo estado afetivo durante semanas, uma pessoa com TPB pode ter episódios intensos de raiva, depressão e ansiedade que podem durar apenas algumas horas ou, no máximo, um dia. Tais sensações podem se associar a episódios de agressividade impulsiva, auto-agressão e abuso de drogas ou álcool. Distorções da cognição e da consciência do eu podem ocasionar mudanças freqüentes de objetivos a longo prazo, planos de carreira, empregos, amizades, identidade sexual e valores. Mulheres com TPB podem se considerar injustamente incompreendidas ou maltratadas, enfadadas, vazias e terem pouca noção de quem são. Esses sintomas são mais agudos quando os indivíduos portadores do TPB se sentem isolados e carentes de apoio social e podem demandar esforços frenéticos para evitar ficar sozinhos.

Os borderlines apresentam com freqüência padrões de relacionamentos muito instáveis. Podem vir a ter ligações intensas, porém tempestuosas. Sua atitude em relação a familiares, amigos e entes queridos pode passar subitamente da idealização (grande admiração e amor) à desvalorização (intensa raiva e desaprovação). Assim, podem formar uma ligação imediata e idealizar a outra pessoa, mas ao ocorrer uma pequena separação ou conflito passam inesperadamente para o outro extremo e acusam com fúria a pessoa de não ter absolutamente nenhuma afeição por eles. Até mesmo com os familiares, os indivíduos com TPB se mostram muito sensíveis à rejeição, reagindo com raiva e angústia a pequenas separações, como um período de férias, uma viagem de negócios ou uma súbita mudança nos planos. Esses temores de abandono parecem estar relacionados a dificuldades em se sentirem emocionalmente ligados a pessoas importantes, quando estas se encontram fisicamente ausentes, deixando o borderline sentir-se perdido, e o outro, talvez, torna-se indigno de confiança. Podem ocorrer ameaças e tentativas de suicídio, em conjunto com a raiva, nos casos de abandono e desapontamento percebidos por eles.

As pessoas com TPB apresentam outros comportamentos impulsivos, como gastos excessivos, farras alimentares e sexo de risco. O TPB ocorre com freqüência em associação a outros problemas psiquiátricos, especialmente transtorno bipolar, depressão, transtornos ansiosos, abuso de drogas e outros transtornos de personalidade.

Tratamento

O tratamento de pacientes com TPB requer tempo e paciência tanto dos profissionais quanto dos familiares dos pacientes. Os resultados são muito lentos e graduais, além de limitados em alguns pacientes, infelizmente.

O tratamento envolve, obrigatoriamente, a associação de psicoterapia cognitivo-comportamental ou interpessoal com medicamentos. Utilizamos, de preferência, medicamentos antidepressivos, estabilizadores de humor e antipsicóticos, dependendo da gravidade dos sintomas, dos riscos e dos prejuízos sociofuncionais secundários. Em determinados contextos, a internação psiquiátrica pode ser necessária para a proteção do próprio paciente.

O transtorno bipolar feminino: mistérios e paradoxos

É comum, na prática clínica, que muitas mulheres sejam diagnosticadas e tratadas como deprimidas unipolares – a depressão comum que todos os leigos entendem com mais facilidade.

Até porque muitos quadros de depressão feminina são considerados atípicos, com sintomas como hipersonia (sonolência excessiva), ganho de peso e maior ativação psicomotora – estado de agitação significativa. Não são raros tais sintomas, sem uma avaliação psiquiátrica apurada, serem confundidos com aqueles do transtorno bipolar feminino.

O diagnóstico de transtorno bipolar costuma ser realizado apenas após um período de 7,5 a 8 anos, entre o início do primeiro episódio depressivo e o diagnóstico de transtorno bipolar (Ghaemi, 1999; Depression and Bipolar Support Alliance, 1993).

Na imprensa não-especializada, têm sido publicados inúmeros artigos sobre o transtorno bipolar do humor (TBH), cujo termo utilizado atualmente vem sendo "espectro bipolar", que envolve quadros clínicos mais amplos, leves, temperamentais e atípicos (não apenas os clássicos), os quais ainda não preenchem os critérios diagnósticos da CID-10 (10ª Revisão da Classificação Internacional de Doenças) e do DSM-IV (Manual Diagnóstico e Estatístico de Transtornos Mentais da Associação Psiquiátrica Americana). Pesquisas epidemiológicas e clínicas, principalmente estudos com filhos de pacientes bipolares, têm demonstrado a existência de um espectro amplo e prevalente de bipolaridade, com sintomas subliminares (hipomania) e temperamentos afetivos. As manifestações leves do espectro bipolar podem estar presentes na distimia (depressão crônica leve que persiste por um período de pelo menos dois anos), hipertimia (humor levemente exaltado, como, por exemplo, mulheres que fazem várias atividades ao mesmo tempo de forma acelerada, levando a vida de maneira "selvagem") e ciclotimia (períodos depressivos leves alternados com hipomania e irritabilidade). Os próprios psiquiatras costumam não pesquisar ativamente os sintomas do espectro maníaco, detendo a noção de que o transtorno bipolar é raro (Bowden, 2001). De fato, grandes levantamentos epidemiológicos apontaram para uma freqüência estimada ao longo da vida em torno de 1% (Bebbington,1995), mas estudos clínicos e populacionais mais recentes evidenciaram taxas de 3% a 10% (Angst e cols., 2003).

O transtorno bipolar parece ser a "doença da moda", com celebridades do mundo todo afirmando que são bipolares. A imprensa também propaga certos conhecimentos, alguns corretos, outros estigmatizadores e desastrosos. De forma equivocada, o transtorno bipolar é até mesmo associado à criatividade, mas, na prática, traz enormes prejuízos e sofrimentos tanto aos envolvidos quanto aos pacientes e familiares. O apoio de associações de pacientes, familiares e voluntários, com grupos de auto-ajuda, é importante no processo de conscientização, humanização e disseminação do conhecimento sobre a doença, envolvendo diagnóstico, curso e prognóstico. No Brasil, a Abrata (Associação Brasileira de Familiares, Amigos e Portadores de Transtornos Afetivos) desempenha grande papel nesse sentido (www.abrata.org.br).

O transtorno bipolar do humor, antiga psicose maníaco-depressiva, é caracterizado por períodos de depressão (tristeza, desânimo, lentificação psicomotora, diminuição da energia, perda de prazer ou interesse em atividades habituais, alterações do sono, apetite, pensamentos negativos, ideação suicida, etc.) alternados com períodos de mania (ansiedade, agitação psicomotora, discurso ou pensamento acelerado com fuga de idéias, sensação de onipotência, de maior energia, de menor necessidade tanto de sono quanto de alimento, além de idéias de grandeza, sentimento de irritabilidade e até impulsividade).

Ao contrário do que as pessoas imaginam, existem vários tipos de transtorno bipolar. Young e Klerman, em 1992, classificaram seis tipos de transtorno bipolar. O bipolar I apresenta quadros caracterizados pela presença de depressão maior e mania; o bipolar II, por hipomania (forma mais leve de mania) e depressão; o bipolar III, por hipomania com sintomas depressivos; o bipolar IV apresenta quadros secundários a doenças ou drogas; o bipolar V acomete sujeitos com depressão unipolar e histórico familiar positivo de transtorno bipolar; e o bipolar VI é caracterizado por mania unipolar.

Até o presente momento, o diagnóstico é exclusivamente clínico, feito por meio de avaliação psiquiátrica (não há exames de sangue ou de neuroimagem que façam o diagnóstico, realizado apenas por entrevista médica com psiquiatra). No entanto, estudos científicos novos têm apresentado dados relevantes e inéditos. Na prática, apesar dos avanços científicos recentes, há a necessidade de um conhecimento aprofundado sobre todos os aspectos da doença. Há muitas informações errôneas e inverídicas divulgadas pela imprensa e até por determinados setores da saúde, com alardeamentos desnecessários.

Perfil genético

Os resultados de estudos em famílias de pacientes com transtorno bipolar podem ser resumidos assim: o risco de parentes em primeiro grau de indivíduos não afetados representativos da população geral é de quase 1% para transtorno bipolar. Quando se compara esse risco ao dos parentes em primeiro grau de pacientes portadores de TBH, verificamos que o risco para depressão unipolar está aumentado três vezes, enquanto o risco para a doença bipolar nesses pacientes está crescendo cerca de sete vezes mais (Meira-Lima e Vallada, 1998). Quanto à alta prevalência de depressão entre familiares de bipolares, é importante lembrar que 10% a 20% dos pacientes bipolares apresentam os primeiros episódios como quadro depressivo (também chamados de pseudo-unipolares).

A região cromossômica com maior número de relatos de ligação com TBH é a área subterminal do braço longo do cromossomo X (Xq28). Estudiosos, porém, têm muita dificuldade na identificação dos genes envolvidos, por causa da própria complexidade da doença (sintomas semelhantes à origem não-genética, conhecimento incompleto das causas do transtorno, diferenças entre os quadros heterogêneos, presença de outros transtornos psiquiátricos associados ao TBH, etc). Portanto, há uma heterogeneidade genética predominante, com envolvimento de múltiplos genes.

A psiquiatria sabe que há sobreposição de risco entre o TBH e a esquizofrenia. O gene envolvido do oitavo cromossomo é o 8p21, e o aminoácido, o DAOA. Pessoas portadoras de tal alteração genética possuem a forma mais grave de TBH, com maiores chances de recaída. As formas mais graves compartilham, portanto, fatores de risco também para a esquizofrenia. É bom deixar claro, mais uma vez, que existe uma série de genes envolvidos. Isso pode levar a tratamentos genéticos futuros que interfiram na neuroproteção e na resiliência do paciente. Estudos sofisticados de neuroimagem, como o PET-SCAN, que avaliam a atividade cerebral pelo metabolismo de glicose no cérebro demonstram que pacientes com TBH possuem menor atividade na região dorso-lateral do córtex pré-frontal, enquanto o oposto ocorre na estrutura da amígdala cerebral.

Hoje, acredita-se que o TBH é uma doença neurodegenerativa. Há perda de neurônios e de áreas de afinamento do córtex cerebral. Essa informação é superimportante para que se possam identificar terapias futuras que tenham efeito normalizador e regulador dessas alterações. O estímulo elétrico por eletrodos em áreas hipofuncionantes pode ser um tratamento eficaz no futuro.

Outro desafio para a medicina é decifrar os prejuízos cognitivos (memória, atenção e concentração) envolvidos nos pacientes bipolares. Um estudo recente detectou em bipolares jovens 20% de redução na capacidade de continuação da pessoa em determinada tarefa. Os bipolares costumam ser mais rápidos, porém mais impulsivos, provavelmente pela anormalidade específica do córtex pré-frontal (responsável por decisões que envolvem planejamento, organização e racionalidade). É a chamada *disfunção executiva dos bipolares*. Novos medicamentos pesquisados deverão agir na diminuição da perda celular e na recuperação do processo de neurodegeneração.

Há vários neurotransmissores alterados, incluindo o BDNF, fator neurotrófico primordial e responsável pelo desenvolvimento e crescimento de novos neurônios. Os tratamentos atuais são limitados; ainda não há conhecimentos precisos de todos os mecanismos fisiopatológicos (causais) do TBH. Para se ter uma idéia da dimensão e importância disso, tais avanços devem demorar cerca de uma ou duas décadas para ocorrer – um investimento da ordem de 1 bilhão de dólares será necessário no desenvolvimento dos novos medicamentos.

Os estabilizadores de humor atuais utilizados são eficazes no controle dos sintomas da doença (apesar de não curarem a doença em si) e devem ser usados continuamente. Contudo, muito ainda haverá em termos de revolução nas futuras terapias medicamentosas – a partir da melhor elucidação de aspectos enigmáticos ou lacunares permanentes no estágio atual de conhecimento sobre o TBH.

Transtorno bipolar feminino: aspectos específicos do gênero

Os dados sobre as características próprias no curso e na apresentação clínica do TBH nas mulheres ainda não são conclusivos. A freqüência do transtorno bipolar tipo I é similar entre os gêneros. As mulheres bipolares apresentariam um início três a cinco anos mais tardio que os homens (Viguera e cols., 2001), porém isso pode ser decorrente de um diagnóstico que levaria mais tempo para ser realizado nas mulheres. Alguns estudos apontam um dado interessante: quando o início da doença ocorre na quinta década de vida (o que não é comum), há nítido predomínio de mulheres.

As mulheres podem passar 1/3 da vida em depressão, com maiores riscos de suicídio e prejuízo funcional. Judd e cols. (2002) referem que a depressão seria mais longa e mais difícil de ser tratada no sexo feminino. Todavia, não parece haver desequilíbrio entre o número de fases de depressão e mania entre os gêneros. Tanto homens quanto mulheres ficam mais tempo em depressão.

É interessante observarmos um dado de um estudo canadense conduzido por Schaffer em 2005: as mulheres procuram mais atendimento médico que os homens (52,2% *versus* 38,5%). Além disso, o estudo detectou que 66% dos bipolares não haviam recebido nenhuma medicação no último ano, sendo 72% dos homens e 59% das mulheres.

Mulheres parecem ser mais cicladoras rápidas (possuem mais que quatro fases de mania por ano) que os homens. A ciclagem rápida ocorre em cerca de 15% a 20% de todos os pacientes com TBH.

Destes, 71% são mulheres (Leibenluft, 1997), e isso pode estar acontecendo porque elas utilizam mais antidepressivos – porém, este ainda é um assunto controverso. Associa-se ciclagem rápida a estados mistos (pacientes que apresentam, simultaneamente, critérios para mania e depressão, com alto risco de suicídio) e também à bipolaridade do tipo II.

Problemas clínicos como os de tireóide, enxaquecas e obesidade são mais comuns em mulheres, assim como abuso de drogas e álcool e transtornos ansiosos e alimentares. Portanto, uma mulher com TBH sempre deve ser avaliada no que diz respeito às doenças clínicas e até mesmo em relação a outros transtornos mentais associados.

O papel da terapia hormonal para atenuar os sintomas de mulheres bipolares ainda é um assunto polêmico e inconcluído, apesar da observação da piora dos sintomas depressivos tanto no pré-menstrual quanto na perimenopausa.

Durante a gravidez, alguns estudos, como os de Freeman e cols. (2002), relataram uma piora do transtorno bipolar em cerca de 50% das mulheres. Muitas vezes, o diagnóstico de depressão na gravidez é difícil, porque diversos sintomas podem ser iguais aos da própria gestação (sono, apetite, cansaço e libido). Os sintomas que mais sugeririam depressão seriam perda do prazer ou interesse por atividades habituais, sentimentos de culpa, desesperança e pensamentos suicidas (Cohen e cols., 2004).

No período pós-parto, cerca de 1/4 das mulheres apresentam o primeiro episódio de mania, com taxas de recorrência variando entre 33% e 67%, nesta fase (Arnold, 2003). Quando ocorre o primeiro episódio depressivo coincidente com este período, o médico não pode excluir a possibilidade de que seja o início de TBH. Outro quadro psiquiátrico bem grave e característico do TBH é a psicose puerperal (insônia, agitação, tristeza, irritabilidade, mudanças rápidas de humor, perplexidade, confusões mentais, delírios e alucinações). Embora a psicose puerperal seja rara na população geral (dois casos a cada mil partos), chega a atingir cerca de 20% a 30% das mulheres com TBH.

Lítio ainda é o único medicamento que diminui o risco de suicídio

No momento, o único medicamento comprovado que diminui o risco de suicídio é o antigo lítio. Além disso, o lítio controla a mania, mas não a depressão. Apenas 20% a 40% dos pacientes com TBH ficam bem por um período de seguimento clínico maior. A recuperação funcional, ou seja, aquela que realmente interessa, ocorre praticamente em apenas ¼ dos pacientes. Em termos de efeitos colaterais, os homens têm mais tremores e as mulheres ganham mais peso (≥ 5 kg) no prazo de um ano, bem como desenvolvem mais hipotireoidismo que os homens (37% *versus* 9%).

Os dilemas clínicos no tratamento de bipolares gestantes ou amamentando se deve, em grande parte, ao fato de os estabilizadores de humor, incluindo valproato, carbamazepina e lítio, estarem associados ao risco aumentado de malformação (Viguera e cols., 2000).

Ao lítio sempre se atribuiu maior risco de malformação cardíaca, porém estudos atuais mostram prevalências de 0,005% a 0,05%, próximas à da população geral, o que não justificaria sua interrupção na gravidez (Yonkers e cols., 2004). As orientações mais recentes sobre o uso de lítio na gestação priorizam a continuidade do tratamento, monitorando-se o feto durante toda a gestação. A eventual retirada de lítio aumenta muito as chances de recaída do TBH (52%).

Na amamentação, discute-se muito o uso de psicofármacos. O período pós-parto é de alto risco de recaída para transtornos de humor, principalmente nas mulheres bipolares. Há bons indícios de que a identificação de mulheres bipolares graves de alto risco é útil, já que a manutenção do tratamento é um fator protetor. Todos os riscos e benefícios dos tratamentos devem ser avaliados, evitando-se a politerapia. O estabelecimento de um amplo canal de comunicação e proximidade tanto com a paciente quanto com a família e com os médicos assistentes é uma tarefa prioritária do psiquiatra/psicólogo envolvidos.

A polifarmácia (uso de vários estabilizadores de humor) deve ser evitada na gestação e amamentação – além dos cuidados em outros períodos do ciclo reprodutivo feminino. Antes, utilizavam-se cerca de três estabilizadores de humor; hoje, tal marca já atinge cerca de cinco estabilizadores de humor. Portanto, estudos melhores são necessários, tendo em vista que as interações medicamentosas podem oferecer riscos sérios, com o aumento de números de estabilizadores de humor associados.

Diagnóstico diferencial

Evidentemente, o espectro bipolar deve ser diferenciado das esquizofrenias, do transtorno esquizofreniforme, do transtorno de personalidade (principalmente do transtorno de personalidade borderline), do TDAH (transtorno de déficit atencional com hiperatividade), bem como de alterações cerebrais provocadas por fatores orgânicos (hipertireoidismo, aids, lúpus, etc.) ou por abuso de substâncias (cocaína, anfetaminas, etc.).

Estudo, placebo e polêmica

Um estudo publicado em 2007 no *New England Journal of Medicine* com mais de dois mil pacientes bipolares submetidos, seguramente aos melhores tratamentos possíveis por cerca de dois anos demonstrou que 40% dos pacientes tiveram recidiva da doença em um ano, apesar de receberem o melhor tratamento. Cerca de 90% das recaídas são depressão e estado misto (sintomas depressivos e maníacos quase simultâneos).

Tal estudo demonstra a importância da detecção precoce dos fatores de risco para recorrência e também do tratamento eficaz dos sintomas residuais.

Um dado deixou os pesquisadores intrigados: os bipolares tipo II do estudo (que alternam entre depressão e hipomania – forma leve de mania) desenvolvem-se melhor quando não recebem antidepressivos. Quando esses pacientes utilizam estabilizadores de humor eficazes (lítio, carbamazepina, divalproato, quetiapina, oxcarbazepina, lamotrigina), o uso de antidepressivos pode até piorar o curso da doença. E grande parte dos bipolares (30% a 50%) passa a maior parte da vida em depressão, e não em mania ou hipomania. A taxa de remissão com placebo (pílula inócua, sem efeito) foi de 28%, enquanto com antidepressivos foi de apenas 24%.

Comparando-se, no artigo do *New England Journal of Medicine*, três tipos de psicoterapia – cognitivo-comportamental, interpessoal e familiar –, concluiu-se que as três possuem papel relevante e positivo na prevenção de oscilações do humor – quando, é claro, estão associadas ao tratamento medicamentoso com estabilizador de humor.

Terapia e família: bons resultados

A terapia com foco na família foi a que apresentou melhor resultado, confirmando o que sempre falo aos meus pacientes: a importância suprema, em qualquer transtorno mental, da participação efetiva, solidária e afetiva de todos os familiares no processo de recuperação e reabilitação psicossocial dos pacientes. Cabe ao médico orientar sobre as maneiras corretas de realizar tal participação. Finalizando, a medicina ainda busca melhor conhecimento da patofisiologia completa do TBH. Ou seja, quais são os mecanismos estruturais e funcionais (genéticos, biomoleculares, celulares, químicos) envolvidos no surgimento da doença. Com isso, sim, haverá novos avanços no tratamento do TBH, muito mais específicos e eficazes que os atuais. É nítido o benefício, no tratamento de longo prazo, da combinação medicamento e psicoterapia.

Jamais podemos nos esquecer, portanto, de que pacientes bipolares subtratados são vulneráveis a vários riscos, daí a necessidade de avanços científicos rápidos. Os bipolares apresentam mortalidade maior, risco de suicídio significativo, maiores taxas de neoplasia, doenças cardiovasculares (infartos) e cérebro-vasculares ("derrames"). As associações com alcoolismo e ansiedade também são importantes e deletérias ao curso da doença. A prevenção de recorrência dos episódios depressivos envolve a descoberta de novos medicamentos, além da importância da detecção precoce dos fatores de risco envolvidos (estresse crônico, não-adesão ao tratamento por efeitos colaterais), bem como o incentivo aos excelentes trabalhos psicoeducativos e de psicoterapia.

Capítulo 14

SEXUALIDADE FEMININA* E SUA CONEXÃO COM A SAÚDE MENTAL

Historicamente, os primeiros dados teóricos para o entendimento da sexualidade humana surgiram na Grécia, há cerca de 500 anos antes de Cristo, quando Platão, Aristóteles e Hipócrates manifestaram seus conceitos sobre o assunto. Posteriormente, nos anos mais recentes, os estudos de Sigmund Freud, William Masters e Virginia Johnson lançaram os alicerces para uma nova especialidade médica, a sexologia, reconhecida no Brasil pelo Conselho Federal de Medicina a partir de 1980.

Sigmund Freud foi o primeiro a buscar teorias para esclarecer os mecanismos psicológicos (conscientes, mas principalmente inconscientes) que norteiam os impulsos sexuais de homens e mulheres. Segundo ele, a libido (energia dos instintos sexuais) existe desde o nascimento, e o desenvolvimento psicossexual de cada indivíduo, até atingir a idade adulta, passa por diversas fases evolutivas (oral, anal, fálica e genital).

* Lopes, G.; Claro, J. A. & Rodrigues Jr., D. M. Disfunções sexuais femininas. *International Braz. J. Urol.*, v. 29, supl. 4, 2003, pp. 29-34.

A manifestação da sexualidade feminina foi reprimida até a metade do século XX. A sociedade vigente da época designava à mulher um papel repleto de submissão e passividade, em uma sociedade patriarcal cheia de preconceitos e dogmas religiosos rígidos – a maternidade vivia oculta nos lares.

Com o aparecimento da pílula anticoncepcional, a mulher deixou de estar sob a ameaça de uma gravidez "fortuita" e passou a ter o controle de sua fertilidade e desejo, o que lhe permitiu transpor sua condição de mero objeto do prazer masculino.

Cada ser humano traz dentro de si um universo de interações entre corpo e mente, permeado pelos padrões culturais – e tabus – de sua época.

A sexualidade é capaz de influenciar a saúde física e mental e pode ser afetada por fatores orgânicos, emocionais e sociais. O transtorno de qualquer uma das fases da resposta sexual (desejo, excitação, orgasmo e resolução) pode acarretar o surgimento de disfunções sexuais.

Na mulher, a disfunção sexual também pode se manifestar por vaginismo e dispareunia, resultando em angústias pessoais e dificultando tanto as relações interpessoais quanto a qualidade de vida.

Falta de conhecimento sobre a própria sexualidade, desinformação sobre a fisiologia da resposta sexual, problemas de ordem pessoal e, sobretudo, conflitos conjugais são capazes de desencadear sérios problemas emocionais na mulher e, conseqüentemente, alterar sua resposta sexual.

Problemas orgânicos (doenças neurológicas, distúrbios hormonais, etc.), traumas psicológicos (educação repressiva, abuso sexual na infância, etc.), dificuldades afetivas com o parceiro (falta de diálogo, ressentimentos, conflitos financeiros, desgaste pela rotina, etc.) e desconhecimento do potencial erótico do próprio corpo são os principais fatores envolvidos – isolada ou associadamente – nas disfunções sexuais femininas.

A terapia sexual é um valioso instrumento para auxiliar casais que têm dificuldade nessa área fundamental do relacionamento humano. O primeiro passo – e mais difícil – para o diagnóstico e tratamento das disfunções sexuais é admitir que o problema existe; o segundo é buscar ajuda profissional para resolvê-lo.

A prevalência de DSF* aumenta com a idade, com o uso de certos medicamentos e com a ocorrência de doenças como diabetes, hipertensão arterial e dislipidemia, entre outras.

Os fatores psicológicos são mais comuns nas DSF, principalmente nas disfunções do desejo sexual e do orgasmo. A tendência atual é considerar que toda disfunção sexual tem comprometimentos mistos: orgânicos e psicológicos. O essencial, no entanto, continua sendo o reconhecimento do fator mais preponderante.

A depressão e o estresse (ansiedade crônica) são causas freqüentes de DSF.

Os fatores relacionais (hostilidade, indiferença, dificuldade de assertividade, monotonia, infidelidade, competição, entre outros) devem ser considerados tanto no diagnóstico quanto no tratamento da DSF.

Em geral, toda DSF realiza alguma espécie de desejo, "um contrato secreto" entre os parceiros. Frustrar ou denegrir o parceiro por relações sexuais fracassadas pode se constituir um bem-sucedido plano de vingança, satisfazendo um impulso instintivo dirigido contra o parceiro atual. Não atingir a satisfação almejada, sentir-se incapaz, indesejável ou infeliz pode resultar em uma vitoriosa intervenção do juízo interno ou na realização de determinado desejo sexual. Não há como negar que os impulsos (construtivos e destrutivos) se incorporam à estrutura

---

* DSF: disfunção sexual feminina.

total da pessoa. Assim, as disfunções sexuais, embora acarretem frustrações, sempre representam e possibilitam algum tipo de satisfação, ainda que inconscientemente. É comum a pessoa que inveja o parceiro ou que esteja ressentida com ele, apesar de não perceber, se sentir realizada ao negar-lhe o prazer que ele deseja.

Vejamos os exemplos:

- mulheres que necessitam se sentir protegidas pelo marido e se sentem a salvo à medida que o controle da situação é mantido;

- a mulher receia destruir o marido por força de sua agressividade e experimenta a mágica sensação de poupá-lo ao não se inebriar com a plena realização dos seus desejos;

- ao reprimir a raiva, por influência do amor, a mulher reprime também a livre expansão dos impulsos libidinais;

- se a mulher não se sente no direito de usufruir de sua sexualidade, prevendo a efetivação das ameaças oriundas do superego, sente-se protegida, livre de castigos, no momento em que não concretiza o ato sexual.

Muitos casais também se acomodam e se conformam. Para eles, o problema aparente inexiste, pois a disfunção vem ao encontro de um desejo inconscientemente firmado, correspondente à necessidade de ambos os parceiros. Os impulsos sexuais apresentam-se com pouca freqüência e intensidade devido ao excessivo mecanismo da repressão. O casal selecionou-se a partir dessa afinidade essencial, sem a qual sua união não seria viável; assim, ela se mantém, apesar do mau funcionamento sexual, bem como graças a ele e à relativa ausência do desejo.

Não havendo desejo, não há nem perigo nem frustrações. A atração, paradoxalmente, se origina da falta de atração e da ausência de riscos, e isso conduz a um elo forte tranqüilo. Em conjunto, o casal obtém prazer a dois em outras áreas mais livres de conflito. A satisfação sexual é obtida de maneira indireta, em atividade de cunho simbólico.

A parceria assexuada, vista por determinados ângulos, assim o é apenas na aparência, e o mesmo ocorre com o conformismo adotado pelo casal. Em alguns lugares ou em determinadas maneiras, seus impulsos ou suas fantasias se manifestam e, em geral, os asseguram.

A acomodação dos parceiros a uma vida sexual limitada e disfuncional, embora a serviço de objetivos paralelos, conscientes e inconscientes, pode dar a impressão de harmonia enquanto encobre ressentimentos profundos. A acomodação visa não desencadear a guerra e tornar ao menos suportável a vida a dois. Apesar de as disfunções sexuais femininas já estarem bem mais conhecidas, muitas vezes deixam de ser diagnosticadas. Podemos atribuir a falta do diagnóstico a fatores diversos, como inibição da paciente (que não apresenta a queixa) ou do médico (que se constrange em investigar).

O diagnóstico desses quadros possui uma relevância muito grande, pois estes interferem na qualidade de vida e estão associados, em geral, a questões da saúde física e mental.

Realizar uma anamnese adequada sobre a vida sexual da mulher pode ajudar e contribuir na identificação da causa de muitos conflitos psíquicos e relacionais e/ou de quadros psiquiátricos.

Ao comparar o tratamento terapêutico das disfunções sexuais masculinas ao das femininas, podemos verificar que estas contam com um número bem menor de critérios terapêuticos estabelecidos.

Avanços tecnológicos estimulam o sexo, mas não substituem o relacionamento humano. A ciência parece ser uma grande aliada do sexo. Depois de oferecer constantes indicativos de que a prática freqüente, com segurança e prazer, traz inúmeros benefícios à saúde, a ciência vem desenvolvendo nos últimos anos uma série de medicamentos, para eles e para elas, que prolongam o período de atividade sexual.

Desde Freud, aliás, a ciência tenta explicar as ligações entre o bem-estar físico e mental e, portanto, o fato de que as carências sexuais podem produzir doenças físicas e mentais.

Algumas mulheres também sofrem de problemas sexuais decorrentes da depressão, cujo tratamento com certos antidepressivos aumenta a concentração no cérebro de duas substâncias, a dopamina e a noradrenalina, ligadas ao desejo e à excitação sexual.

Há quem não sofra de disfunções, mas o estímulo sexual pode se perder, na maioria dos casos, pela rotina, pela monotonia. Percebe-se que muitos relacionamentos melhoram quando a parceira investe nas fantasias do casal e surpreende o companheiro. Muitas vezes os casais entram numa rotina tão grande que até os beijos diminuem e as carícias passam a ser mínimas.

O problema não se resolve apenas com tecnologia e "equipamentos". É necessário ter em mente que de nada adiantam pílulas, comprimidos, aparatos eróticos, locais perfeitos e toda a tecnologia do mundo se não houver cumplicidade entre o casal. Não há nada que resolva problemas de relacionamento. Amor, carinho, respeito e intimidade entre os parceiros continuam sendo os maiores estímulos para uma vida sexual saudável e prazerosa.

A satisfação sexual de mulheres adultas, embora seja considerada de importância no discurso das próprias mulheres e de suas parcerias sexuais e afetivas, pouco aparece no discurso científico e técnico na psicologia, mais especificamente nos estudos da sexualidade no Brasil.

A mulher leva um tempo maior para se excitar e espera que isso aconteça com alguém que de fato a atraia sexualmente, que seja carinhoso, compreensivo e a ame, não desejando mais ser vista como mero objeto de satisfação sexual masculina. Espera que ele também possa ser o objeto do seu desejo, e para isso pede mais, exige o orgasmo; afinal, isso é uma vitória conquistada pela mulher dos tempos modernos.

As mulheres estão mais liberais com o tema sexualidade e sentem-se mais soltas na cama com o homem. O ato da penetração por si só significa muito pouco para a mulher adulta; trata-se apenas de um complemento de um ato que para ela é fundamental – "o amor".

A satisfação sexual precisa estar cercada de carícias feitas por parceiro carinhoso. Mais de um décimo das pesquisadas conhece o caminho pelo qual os parceiros deveriam buscar facilitar a satisfação sexual delas. Muitas mulheres não têm nem consciência do que necessitam para a própria satisfação sexual. Outras podem não conseguir se expressar adequada e eficazmente ao parceiro ou nem sequer têm condições de responder a uma pesquisa sobre satisfação sexual.

As representações sociais apresentadas pelas mulheres atendidas constituem-se cognições que elas utilizam para se relacionar com a realidade concreta, fato de importância para trabalhar com o ser humano.

Extrapolar a condição do ato em si – não é simples descarga física, mas o encontro pelo carinho, pelo prazer, pela vontade de estar realmente com o outro. Quando tudo o que sentimos e fazemos é recíproco, isso faz com que tenhamos satisfação total. E tudo tem de acontecer mutuamente, para ambos saírem realizados na relação.

Tanto no homem quanto na mulher o desejo é instigado por estímulos no cérebro, que podem ser acionados por diferentes gatilhos, desde os mais sutis, como pensamentos e carícias, até os mais explícitos, como um filme pornô. Esses estímulos agem em uma região do cérebro chamada diencéfalo, que, ao mesmo tempo em que inicia o processo de interesse e excitação por intermédio do hipotálamo, convoca o sistema límbico para inibir os impulsos sexuais quando não forem convenientes.

Esses mecanismos são, no entanto, apenas a parcela animal e instintiva da sexualidade humana. Quando os estímulos gerados no circuito neurológico arcaico passam ao córtex cerebral, são influenciados por emoções, fantasias, desejos, ritos, medos, censuras, tabus, costumes e condutas aprendidas e impostas ao longo da vida. Os sinais voluptuosos gerados no cérebro viajam então pela medula espinhal para orquestrar uma verdadeira sinfonia erótica. Os hormônios sexuais e um conjunto de neurotransmissores libidinosos acompanham os estímulos elétricos que estão na origem da atração erótica.

Bem, particularmente entendo que satisfação sexual só é boa quando há compreensão, carinho e amor na relação do casal. Então, ambos se satisfazem. Para atingir a satisfação sexual não basta apenas o ato da penetração, mas é preciso que o indivíduo esteja bem consigo mesmo, física e psicologicamente. No processo de busca de ajuda tem de haver uma ação solidária e recíproca entre os dois, uma decisão bilateral, ou ao menos com compreensão, participação, entrega e apoio irrestrito ao outro. Na minha experiência clínica, quando a mulher procura ajuda apenas de forma unilateral, independentemente do diagnóstico específico de DSF, os resultados geralmente não são suficientes ou satisfatórios ao casal, nem mesmo no plano individual – uma vez que muitos vínculos ou estruturas psicopatológicos preexistentes são mantidos dentro de um processo vital pouco criativo e transformador. Portanto, o aumento ou não da procura por ajuda é multifatorial, sendo uma decisão que envolve, necessariamente, não só a mulher.

Capítulo 15

Há razão para tratamentos específicos do gênero feminino?

A maior prevalência de depressão no sexo feminino que ocorre durante os anos de vida reprodutiva sugere um envolvimento significativo do eixo hormonal hipotálamo-hipófise-gônadas (ovários). Ou seja, todo o processo começa no sistema nervoso central (SNC), que manda sinais para os ovários e interage com eles através de sinais recebidos.

A literatura atual demonstra, porém, que sempre há fatores múltiplos envolvidos na maior prevalência de vários transtornos mentais no sexo feminino, como vulnerabilidade genética, processos hormonais e outros fatores biológicos, além de aspectos psicológicos (personalidade) e de estímulos ambientais (estresse vital).

Portanto, a interação entre eixo hormonal, processos do SNC e ambiente tem função especial na determinação da vulnerabilidade das mulheres aos transtornos afetivos – que devemos considerar "vulnerabilidade desenvolvida dinamicamente".

Embora o risco global de doença mental ao longo da vida seja equivalente entre homens e mulheres, é claro que elas são mais propensas a desenvolver transtornos afetivos. Mulheres têm risco duas vezes maior que os homens de desenvolver depressão unipolar. Nos Estados Unidos, o National Comorbidity Survey (NCS) encontrou uma taxa de prevalência de depressão de 21% em mulheres e de 13% em homens – com a preservação da proporção 2:1. Tal achado foi confirmado internacionalmente por estudos em diferentes grupos étnicos (Kessler e cols., 1994).

Em relação aos vários transtornos de ansiedade, também há maior taxa de prevalência nas mulheres. Exemplificando-se em três diagnósticos, o transtorno do estresse pós-traumático ocorre em 10,4% das mulheres e 5% dos homens, o transtorno de pânico em 5% das mulheres e 2% dos homens e a fobia simples em 15,7% *versus* 6,7%, respectivamente.

Nas mulheres, a associação entre depressão e os diferentes transtornos de ansiedade são mais freqüentes. Elas ainda têm maior propensão aos sintomas atípicos da depressão (21,6% das mulheres *versus* 10% dos homens – Angst e cols., 2002), como aumento do apetite, retardo motor, mais letargia, ansiedade, hiperatividade a eventos externos, labilidade do humor, irritabilidade e sensibilidade interpessoal, que lembram as síndromes pré-menstruais (Halbreich e cols., 1982).

Condições hormonais específicas do ciclo reprodutivo feminino que ocorrem na menarca, no pós-parto, no perimenstrual e na perimenopausa podem precipitar o início de sintomas afetivos ou exacerbar transtornos de humor preexistentes (Halbreich, 1997). Há também forte evidência entre depressões relacionadas ao ciclo reprodutivo feminino, particularmente a síndrome pré-menstrual disfórica (tipo mais grave de TPM ou tensão pré-menstrual com sintomas psíquicos significativos) e outros transtornos afetivos, incluindo a depressão pós-parto e a depressão maior.

As mulheres consomem mais medicações psicotrópicas (especialmente ansiolíticos e antidepressivos) que os homens – a taxa é maior que 2:1 (Halbreich, 1997). Elas também experimentam mais efeitos colaterais e resultados diferentes dos tratamentos. Prescrições questionáveis e de alto risco aparecem mais freqüentemente nas mulheres que estão fazendo uso de psicotrópicos e bem mais que em todas as prescrições masculinas (Tamblyn e cols., 1994). O consumo de drogas, incluindo drogas psicotrópicas, aumenta com a idade, e este aumento é maior nas mulheres que nos homens.

Como as mulheres têm, proporcionalmente, mais tecido adiposo (gordura) que os homens, e muitos antidepressivos e ansiolíticos (conhecidos como "calmantes") são lipofílicos, ou seja, necessitam de gordura para serem mais bem absorvidos e permanecerem por mais tempo no corpo após a descontinuação, eventos adversos podem ocorrer nas mulheres que emagrecem com rapidez. Em adição, os níveis sanguíneos de psicotrópicos também podem ser maiores nas mulheres por metabolismo hepático e função renal mais lentificados. Têm ainda sido investigadas diferenças em um poderoso complexo de enzimas presentes no fígado, no trato gastrintestinal e em outros locais (possivelmente no cérebro), coordenado pelo denominado Citocromo P450. Tais diferenças em conjunto podem explicar por que as mulheres mantêm níveis sanguíneos mais elevados de certas drogas, com maiores efeitos colaterais.

A distribuição de medicamentos no SNC pode ser acelerada em situações de maior fluxo sanguíneo cerebral. Mulheres em idade reprodutiva têm maior fluxo sanguíneo cerebral que os homens. Isso decresce após a menopausa, mas aumenta com a terapia estrogênica, melhorando a distribuição da droga no SNC.

É bom deixar claro que os hormônios, além de contribuírem para a causa de depressões femininas, também podem interferir na resposta aos tratamentos com antidepressivos e ansiolíticos. Convém lembrar que as mulheres são mais propensas a tomar múltiplos medicamentos, como terapia estrogênica, contraceptivos orais, antiinflamatórios, hormônios tireoidianos, etc., o que aumenta o risco de interações entre drogas diferentes (Seeman, 2000).

Por fim, há estudos demonstrando que as mulheres costumam responder melhor que os homens aos antidepressivos serotoninérgicos como fluoxetina, sertralina, paroxetina, citalopram e escitalopram, entre outros. A primeira escolha para o sexo feminino deve ser de antidepressivos dessa classe, embora os duais como a venlafaxina e a duloxetina tenham papel igualmente significativo em depressões graves.

Portanto, por tudo o que foi exposto, todo profissional que for tratar depressão ou transtorno de ansiedade no sexo feminino deve estar atento às múltiplas especificidades e peculiaridades do ciclo reprodutivo feminino e suas interações, tomando extremo cuidado com a eficácia, os efeitos colaterais, as interações medicamentosas (inclusive com hormônios e medicamentos para emagrecimento) e à maior propensão ao uso abusivo desses medicamentos.

Observo, na minha prática clínica, que o diagnóstico de depressão ou ansiedade tem sido feito sem critérios corretos ou rigorosos, de forma aleatória e indiscriminada, em consultas sumárias de alguns clínicos. Outro detalhe: hoje se prescreve antidepressivos para uma série de situações clínicas (cefaléia, emagrecimento, TPM, dor crônica, compulsão alimentar, etc.), o que aumenta todos os riscos eventuais envolvidos. Alguns quadros leves de depressão ou ansiedade podem ser tratados sem medicamento, com psicoterapia (especialmente a familiar sistêmica, cognitivo-comportamental e interpessoal), exercícios físicos aeróbicos, ioga, meditação e acupuntura. Há inúmeros trabalhos demonstrando o papel relevante de técnicas alternativas – só não me dedicarei a esse tema específico porque não é o objetivo principal deste livro –, amplamente abordadas em diversas obras sobre saúde mental, que até indico, sem discriminação, às minhas pacientes.

O segredo do sucesso de um tratamento psiquiátrico é o diagnóstico preciso e precoce, com a indicação correta do medicamento. Alguns antidepressivos, em tempo e dosagens adequadas, podem não beneficiar determinadas pacientes e precisam ser trocados ou potencializados. O alvo do tratamento é a completa remissão dos sintomas, não apenas sua redução. Nem sempre o profissional acerta o medicamento na primeira escolha e, em geral, 65% a 70% das pessoas respondem aos antidepressivos.

A ciência atual ainda busca explicação para os complexos mecanismos biológicos causadores da depressão. A questão envolvendo neurotransmissores é insuficiente; mecanismos intracelulares e mudanças de níveis sanguíneos da proteína BDNF – fator neurotrófico derivado do cérebro, espécie de supervitamina que os neurônios produzem para o próprio consumo e que fortalece a comunicação entre eles – estão envolvidos, sendo que nem todos os mecanismos ocorrem nos diferentes tipos de depressão e pacientes. Na depressão pode haver queda do BDNF, e alguns antidepressivos aumentam seus níveis. Paciência e persistência no início do tratamento podem ser palavras-chave para o sucesso pleno. O contato próximo da paciente com seu médico, relatando eventos adversos e estabelecendo amplo diálogo no começo do trabalho, esclarecendo dúvidas, também é imprescindível. Por isso, os médicos precisam estar disponíveis a esse processo, por mais ocupados e importantes que sejam. Porque nada substitui a relação médico-paciente de confiança e respeito mútuos.

Referências Bibliográficas

AHOKAS & cols. Estrogen Deficiency in Severe Postpartum Depression: Successful Treatment with Sublingual Physiologic 17beta-estradiol: A Preliminary Study. *J. Clin. Psychiatry*, v. 62, 2001 pp. 332-336.

ALMEIDA, O. P. & cols. Low Free Testosterone Concentration as a Potentially Treatable Cause of Depressive Symptoms in Older Men. *Arch. Gen. Psychiatry*, v. 65, 2008, pp. 282-289.

ALTSHULER, L. L. & cols. The Expert Consensus Guideline Series. Treatment of Depression in Women. *Postgrad. Med.* (Spec. nº, mar. 2001, pp. 1-107.

AMERICAN PSYCHIATRIC ASSOCIATION. *Diagnostic and Statistical Manual of Mental Disorders*, 4. ed. revista. Washington: American Psychiatric Association, 2000.

______. *Manual Diagnóstico e Estatístico de Transtornos Mentais*. 4. ed. Porto Alegre: Artmed, 2002.

ANDERSON, K. M.; SHARPE, M.; RATTRAY A. et al. Distress and Concerns in Couples Referred to a Specialist Infertility Clinic. *Journal of Psychosomatic Research,* 54 (4), 2003, pp. 353-355.

ANDERSON, T. L. Drug Use Consequences and Social Policies. In: FAUPEL, C. E. & ROMAN, P. M. (ed.). *Encyclopaedia of Criminology and Deviant Behavior, Volume IV: Selfdestructive Behavior and Disvalued Identity*. Filadélfia: Taylor & Francis, 2001. pp. 290-93.

ANGST, J. & cols. Gender Differences en Depression. Epidemiological Findings From the European DEPRES I and II Studies. *Eur. Arch. Psychiatry Clin. Neurosci.*, n. 252, 2002, pp. 201-9.

______. Recurrence of Bipolar Disorders and Major Depression: A Life-Long Perspective, *Eur. Arch. Psychiatry Clin. Neurosci.*, n. 253, 2003, pp. 236-340.

APPLEGARTH, L. The Psychological Aspects of Infertility. In: KEVE, W.; CHANG, R.; REBAR, R. et al. (eds.). *Infertility: Evaluation and Treatment*. Nova York: W. B. Saunders, 1995.

AQUINO, M. T. C. A mulher e a droga: motivação para o uso, efeitos diferenciados, tratamento e possibilidades de prevenção. In: BAPTISTA M. & INEM C. (org.). *Toxicomania: uma abordagem multidisciplinar*. Rio de Janeiro: Nepad/Uerj/Letras, 1997. pp. 43-52.

ARMONY, N. *Borderline: uma outra normalidade*. Rio de Janeiro: Revinter, 1998.

ARNOLD, L. M. Gender Differences in Bipolar Disorder. *Psychiatr. Clin. North Am.*, 26 (3), 2003, pp. 595-620.

ARRUDA, A. Novos significados da saúde e as representações sociais. *Cadernos Saúde Coletiva*. Rio de Janeiro, 2002, 10 (2), pp. 215-227.

AYLWARD, M. Estrogens, Plasma Tryptophan Levels in Perimenopausal Patients. Chapter 12. In: CAMPBELL, S. *The Management of menopausal and postmenopausal years*. Londres: University Part Press, 1975, pp. 133-147.

BADALOTTI, M. & PETRACCO, A.. Infertilidade: definições e epidemiologia. In: BADALOTTI, M.; PETRACCO, A. & TELÖKEN, C. (eds.). *Fertilidade e infertilidade humana*. Rio de Janeiro: Medsi, 1997, pp. 3-7.

BARDIN, L. *Análise de conteúdo*. Lisboa: Edições 70, 1997.

BEBBINGTON, P. & RAMANA, R. The Epidemiology of Bipolar Affective Disorders. *Soc. Psychiatry Epidemiol.*, n. 30, 1995, pp. 279-292.

BECKER, J. & DUFFY, C. Women Drug Users and Drug Service Provision: Service Level Responses to Engagement and Retention [serial online], 2002.

BERQUÓ & cols. *Bioestatística*. São Paulo: Editora Pedagógica e Universitária, 1981.

BEUTEL, M.; KUPFER, J.; KIERCHMEYER, P. et al. Treatment-Related Stresses and Depressive in Couples Undergoing Assisted Reproductive Treatment by IVF or ICSI. *Andrology,* 31 (1), 1999, pp. 27-35.

BLANCHARD, J. J. & cols. Substance Use Disorders in Schizophrenia: Review, Integration, and a Proposed Model. *Clin. Psychol. Rev.*, 20 (2), 2000, pp. 207-34.

BLEHAR, M. C.; DE PAULO Jr. & cols. Women with Bipolar Disorder: Findings from the NIMH Genetics Initiative Sample. *Psychopharmacol Bull*, 34 (3), 1998, pp. 239-243.

BOWDEN, C. L. Strategies to Reduce Misdiagnosis of Bipolar Depression. *Psychiatric Services*, n. 52, 2001, pp. 51-55.

BRANDÃO, M. Z. S. Os sentimentos na interação terapeuta-cliente como recurso para a análise clínica. In: KERBAUY, R. R. (org.). *Sobre comportamento e cognição*, v. 5. Santo André: Esetec, 2000, pp. 222-228.

BRANNON, L. & FEIST, J. *Psicología de la salud*. Madri: Thompson Editores Spain Paraninfo, 2000.

BRASIL. Ministério da Saúde. Conselho Nacional de Saúde. Resolução nº 196/96 sobre pesquisa envolvendo seres humanos. *Diário Oficial da União*, 16 out. 1996.

BROCKINGTON, I. F. & cols. Puerperal Psychosis: Phenomena and Diagnosis. *Arch. Gen. Psychiatry*, v. 38, 1981, pp. 829-833.

BURY, M. Choric Illness as a Biographic Discuption (1982). In: HARDY, E. *Reprodução assistida: conseqüências psicológicas e sociais*. Anais do 18º Congresso Brasileiro de Reprodução Humana, Porto Alegre, 7-10 de novembro de 1998.

CAMON, V. A. A. (org.). *Psicologia da saúde: um novo significado para a prática clínica*. São Paulo: Pioneira, 2000.

CARROBLES, J. A. La psicología de la salud: estado actual y perspectivas. *Psico.,* 30 (1), 1993, pp. 205-217.

CAVALCANTE, S. N. & TOURINHO, E. Z. Classificação e diagnóstico na clínica: possibilidades de um modelo analítico-comportamental. *Psicologia: Teoria e Pesquisa*, n. 14, 1998, pp. 139-147.

CAVALCANTI, R. & CAVALCANTI, M. *Tratamento clínico das inadequações sexuais*. São Paulo: Livraria Roca, 1992.

CEBRID – Centro Brasileiro de Informações sobre Drogas Psicotrópicas. 2006 – Nomes comerciais. Disponível em: <http://www.saude.inf.br/cebrid/canfet.htm>.

CHAMBERS, C.D. & cols. Selective Serotonin-Reuptake Inhibitors and Risk of Persistent Pulmonary Hypertension of the Newborn. *New England Journal of Medicine*, v. 354, 2006, pp. 579-587.

CHATEL, A. Sortir la maternité du laboratoire (1988). In: SILVA, M. M. A. (ed.). *Tecnologias reprodutivas: a concepção em sexualidade e reprodução humana*. Montreal (1991).

CHEN, T-H.; CHANG, S-P.; TESAI, C. F. et al. Prevalence of Depressive and Anxiety Disorders in an Assisted Reproductive Technique Clinic. *Human Reproduction*, 19 (10), 2004, pp. 2.313-2.318.

CHESSICK, R. The Borderline Patient. In: ARIETY, S. (org.). *American Handbook of Psychopathology*. Nova York: Basic Books, 1974, pp. 808-819.

CIORNAI, S. *Da contracultura à menopausa: vivências e mitos da passagem*. São Paulo: Oficina de Textos, 1999.

COELHO, V. & DINIZ, G. Mulher, família, identidade: a meia-idade e seus dilemas. In: FÉRES-CARNEIRO, Terezinha (org.). *Família e casal: arranjos e demandas contemporâneas*. Rio de Janeiro: Loyola, 2003.

______. Vida de mulher: lidando com a meia-idade e a menopausa. In: FÉRES-CARNEIRO, Terezinha (org.). *Família e casal: arranjos e demandas contemporâneas*. Rio de Janeiro: Loyola, 2003.

COHEN, L. S. & cols. Relapse of Major Depression During Pregnancy in Women Who Maintain or Discontinue Antidepressant Treatment. *JAMA,* v. 295, 2006 pp. 499-507.

______. Short-term Use of Estradiol for Depression in Perimenopausal and

Postmenopausal Women: a Preliminary Report. *Am. J. Psychiatry,* v. 160, 2003, pp. 1519-1522.

______. Risk for New Onset of Depression During the Menopausal Transition: the Harvard Study of Moods and Cycles. *Arch. Gen. Psychiatry*, v. 63, 2006, pp. 385-390.

______. Diagnosis and Treatment of Depression During Pregnancy. *CNS Spectr*, 9 (3), 2004, pp. 209-216.

COLLINS, A.; HANSON, V.; ENEROTH, P. et al. Psychological Stress Responses in Postmenopausal Women Before and After Replacement Therapy. *Pubmed*, 1 (2), 1982, pp. 153-9.

CONTE, F. C. S. & BRANDÃO, M. Z. S. Psicoterapia funcional-analítica: o potencial de análise da relação terapêutica no tratamento de transtornos de ansiedade e de personalidade. In: RANGE, B. (org.). *Psicoterapias cognitivo-comportamentais: um diálogo com a psiquiatria*. Porto Alegre: Artmed, 2001, pp. 19-33.

D'ORBAN, P. T. Women Who Kill Their Children. *Br. J. Psychiatry*, v. 134, 1979, pp. 560-571.

DAAR, A. S. & MERALI, Z. Infertility and Social Suffering: The Case of ART in Developing Countries. In: VAYENA E.; ROWE, P. J. & GRIFFIN. P. D. (eds.). *Current Practices and Controversies in Assisted Reproduction: Report of WHO Metting*. Genebra: WHO, 2002, pp. 15-21.

DE LAURETIS, T. Eccentric Subjects: Feminist Theory and Historical Consciouness. *Feminist Studies*, 16 (1), 1990, pp. 115-150.

DE LUCA, Laurival A. Introdução. In: SOBRAC – Sociedade Brasileira para Estudos do Climatério. *Saúde e bem-estar.* Quando a menopausa chegar. Uma homenagem à mulher brasileira. São Paulo, 1993, p. 9.

DEBERT, G. G. Envelhecimento e curso da vida. *Estudos Feministas*. Florianópolis (IFCS/UFRJ), 5 (1), 1997, pp. 120-128.

DELIGNIERS, B.; WEILL, E.; MAUVAIS-JARVIS, P. et al. Relations interactives entre comportements sexuals et hormonotherapic substitutive postmenopausique: enquête sofres. *Rev. Franc. Gynecol. Obstet.*, v. 85, 1990, pp. 581-586.

DEMYTTENAERE, K.; BONTE, L.; GHELDOF, M. et al. Coping Style and Depression Level Influence Outcome *in vitro* Fertilization. *Fertility and Sterility*, 69 (6), 1998, pp. 1.026-1.033.

DENNIS, C. L., STEWART D. E. Treatment of Postpartum Depression, Part 1: A Critical Review of Biological Interventions. *J. Clin. Psychiatry*, v. 65, 2004, pp. 1.241-1.251.

DEUTSCH, H. *La psicología de la mujer*. 5. ed. Buenos Aires: Losada, 1960.

DINIZ, G. Condição feminina: fator de risco para a saúde mental? In: PAZ, M. G. T. & TAMAYO, A. (ed.). *Escola, saúde e trabalho: estudos psicológicos*. Brasília: UnB, 1999, pp. 181-197.

______. Mulher, trabalho e saúde mental. In: CODO, W. (ed.). *O trabalho enlouquece? Um encontro entre a clínica e o trabalho*. Petrópolis: Vozes, 2004, pp. 105-138.

______. & COELHO, V. Mulher, família, identidade: a meia-idade e seus dilemas. In: FÉRES-CARNEIRO, T. (ed.). *Família e casal: arranjos e demandas contemporâneas*. São Paulo: Loyola, 2003, pp. 79-95.

DOMAR, A. D.; BROOME, A.; ZUTTERMEISTER, P. C. et al. The Prevalence and Predictability of Depression in Infertile Women. *Fertility and Sterility*, 58 (6), 1992, pp. 1.158-1.163.

EISENSTEIN, E. et al. *Situações de risco à saúde de crianças e adolescentes*. Petrópolis: Vozes, 1993.

EIZIRIK, C. L.; KAPCZINSKI, F. & BASSOLS, A. M. S. *O ciclo da vida humana: uma perspectiva psicodinâmica*. Porto Alegre: Artmed, 2001.

ERIKSON, E. & ERIKSON, J. M. *O ciclo de vida completo*. Versão ampliada. Porto Alegre: Artmed, 1998.

EVANS, J. & cols. *British Medical Journal,* v. 23, 2001, pp. 257-260.

FACCHINETT, F. et al. *Effects of Postmenopausal Therapies on Pain Perception*, resumo n. 84. V Congresso Internacional sobre Menopausa (resumo), Sorrento, Itália, abril de 1987.

FARIA, M. M. Mulheres de "meia-idade": sua inserção nos serviços de saúde. Dissertação (Mestrado em Medicina) – Faculdade de Saúde Pública, USP, São Paulo, 1995.

FARINATI, D. M. et al. Infertility: A New Field in Psychology Health. In *Estudos de Psicologia*, 23 (4), 2006, pp. 433-439.

FECHTIG, A. *Menopausa – fase da transição?* São Paulo: Cultrix, 2000.

FERNÁNDEZ-BALLESTEROS, R. & CARROBLES, J. A. Perspectivas de la psicología de la salud en Europa. *Psico*, 30 (1), 1988, pp. 205-217.

FERRARI, Ricardo Pou. *Menopausa hoje. Um guia para a mulher madura viver plenamente*. Porto Alegre: L&PM, 1996.

FLINT, M. The Menopause: Reward or Punishment. *Psychosomatics*, v. 16, 1975, pp. 161-163.

FORNAGY, P., TARGET, M. & GERGELY, G. Attachment and Borderline Personality Disorder: A Theory and Some Evidence. *The Psychiatric Clinics of North America*, n. 23, 2000, pp. 103-122.

FREEMAN, E. W. et al. *Am. J. Psychiatry*, 161 (2), 2004, pp. 343-51.

______. *J. Psychopharmacol*, 19 (1), 1990, pp. 3-8.

______. The Impact of Reproductive Events on the Course of Bipolar Disorder in Women. *J. Clin. Psychiatry*, 63 (4), 2002, pp. 284-287.

FREUD, S. Sobre o narcisismo: uma introdução. In: STRACHEY, J. (ed.). *Edição standart das obras completas de Sigmund Freud*. Rio de Janeiro: Imago, 1914/1996.

______. Conferências introdutórias sobre psicanálise. Parte III. Teoria geral das neuroses. Conferência XXIII: os caminhos da formação dos sintomas. ESB. v. XVI. Rio de Janeiro: Imago, 1976.

FURTADO, A. M. Um corpo que pede sentido: um estudo psicanalítico sobre mulheres na menopausa. *Revista Latino-Americana de Psicopatologia Fundamental*, São Paulo, 4 (3), 2001, pp. 27-37.

GALDURÓZ, J. C. F.; NOTO, A. R.; NAPPO, S. A. et al. Uso de drogas psicotrópicas no Brasil: pesquisa domiciliar envolvendo as 107 maiores cidades do país – 2001. *Rev. Latino-am. Enfermagem*, n. 13 (número especial), set./out. 2005, pp. 888-95.

GASKELL, George. *Pesquisa qualitativa com texto, imagem e som: um guia prático*. 2. ed. Petrópolis: Vozes, 2002.

GENAZZANI, A. R. et al. Steroid Replacement Treatment Increases Beta-Endorphin and Beta-Lipotropin Plasma Levels in Postmenopausal Women. *Gynecol. Obstet. Invest.*, v. 26, 1988, p. 153.

GEWIRTZ, J. L. & BOYD, E. F. Experiments on Motherinfant Interaction Underlying Mutual Attachment Acquisition: The Infant Conditions The Mother. In: ALLOWAY, T.; PLINER, P. & KRAMES, L. (orgs.). *Attachment Behavior*. Nova York: Plenum, 1997.

GOLDANI, A. M. O regime demográfico brasileiro nos anos 90: desigualdades, restrições e oportunidades demográficas. In: GALVÃO, L. & DIAS, J. (orgs.). *Saúde sexual e reprodutiva no Brasil: dilema e desafios*. São Paulo: Hucitec/Population Council, 1999, pp. 25-69.

GOLOMBOK, S. Psychological Functioning in Infertility Patients. *Human Reproduction*, 7 (2), 1992, pp. 208-212.

GORDON, S. M. *Women & Addiction: Gender Issues in Abuse and Treatment*. Wernersville: Caron Foundation, 2002.

GREER, G. *Mulher: maturidade e mudança*. São Paulo: Augustus, 1994.

GREIL, A. L. Infertility and Psychological Distress: A Critical Review of Literature. *Social Sciencie Medical*, 45 (11), 1997, pp. 1.679-1.704.

GUNDERSON, J. G.; KERR, J. & WOODS, D. Families of Borderlines. *Archives of General Psychiatry*, n. 17, 1980, pp. 27-33.

GUNTRIP, H. Object Relations Theory: The Fairbairn – Guntrip Approach. In:

ARIETY, S. (org.). *American Handbook of Psychiatry.* Nova York: Grune & Stratton, 1974, pp. 828-842.

GUTIERREZ, Edda. Grupo mulherando. *Mulher na menopausa: declínio ou renovação?* Rio de Janeiro: Rosa dos Tempos, 1992.

HALBREICH, U. & cols. The Diversity of Premenstrual Changes as Reflected in the Premenstrual Assessment Form. *Acta Psychiatr. Scand.*, n. 65, 1982, pp. 46-55.

______. *J. Clin. Psychiatry*, 58 (9), 1997, pp. 399-402.

______. Gonadal Hormones, Reproductive Age, and Women With Depression. *Arch. Gen. Psychiatry*, n. 57, 2000, pp. 1.163-4.

______. Psychiatric Disorders in Women. In: WELLER, M. & VAN KAMMEN, D. (eds.). *Progress in Clinical Psychiatry*. Londres: Saunders, 1997, pp. 96-115.

______. Role of Estrogen in Postmenopausal Depression. *Neurology*, n. 48, suplemento 7, 1997, pp. S16-9.

HAMMARBERG, K.; ASTBURY, J. & BAKER, H. W. G. Women's Experience of IVF: A Follow-up Study. *Human Reproduction*, 16 (2), 2001, pp. 374-383.

HARDY, E. Reprodução assistida. In: Anais do 18º Congresso Brasileiro de Reprodução Humana. Porto Alegre, nov. 1998, pp. 39-44.

______; ALVES, G. & OSIS, M. J. D. Climatério, implicações sociais. *Femina*, v. 20, 1988, pp. 313-320.

HENDRICK, V.; ALTSHULLER, L. L. & cols. Gender and Bipolar Illness. *J. Clin. Psychiatry*, 61 (5), 2000, pp. 393-397.

HENSHAW, C. Mood Disturbance in the Early Puerperium: A Review. *Arch. Women Ment. Health*, v. 6, suplemento 2, 2003, pp. S33-S42.

HERNANDEZ-DIAZ, S. & cols. *Pediatrics,* v. 120, 2007, pp. 272-282.

HILTON, P. Urinary Incontinence During, Sexual Intercourse: A Common, But Rarely Voluntered, Sympton. *British Journal Obstetrics and Gynaecology*, 95 (4), ref. 4, 1988, pp. 377-381.

HOCHGRAF, P. B. Alcoolismo feminino: comparação das características sociodemográficas e padrão de evolução entre homens e mulheres alcoolistas [Tese]. São Paulo: USP, 1995.

HOUAISS, A. *Dicionário Houaiss da Língua Portuguesa*. Rio de Janeiro: Objetiva, 2001.

JACOB, L. S. *Stress e ansiedade em casais submetidos à reprodução assistida.* Tese de doutorado não-publicada, USP, 2001.

JACOBOWITZ, Ruth S. *As 150 perguntas mais importantes sobre menopausa*. São Paulo: Best Seller, 1993.

JERMAIN, D.M. et al. Luteal Phase Sertraline Treatment for Premenstrual Dysphoric Disorder. Results of a Double-Blind, Placebo-Controlled, Crossover Study. *Arch. Farm. Méd.*, 8 (4), 1999, pp. 328-32.

JODELET, D. Representações sociais: um domínio em expansão. In: _____. (org.). *As representações sociais*. Rio de Janeiro: Eduerj, 2001, pp. 17-44.

JOFFE, H. & cols. Treatment of Depression and Menopause-Related Symptoms with the Serotonin-Norepinephrine Reuptake Inhibitor Duloxetine. *J. Clin. Psychiatry*, v. 68, 2007, pp. 943-950.

______. An Open Trial of Mirtazapine in Menopausal Women with Depression Unresponsive to Estrogen Replacement Therapy *J. Womens Health Gend. Based Med.*, v. 10, 2001, pp. 999-1004.

JUDD, L. L.; AKISKAL, H. S. & cols. The Long-Term Natural History of the Weekly Symptomatic Status of Bipolar I Disorder. *Arch. Gen. Psychiatry*, 59 (6), 2002, pp. 530-537.

JUNG, C. G. A dinâmica do inconsciente. In: *Obras completas de C. G. Jung*. v. 8. Petrópolis: Vozes, 1991.

KAPLAN, H. S. *Evaluación de los transtornos sexuales: aspectos médicos y psicológicos*. Madrid: Grijalbo, 1986.

______. *A nova terapia do sexo.* 6. ed. Rio de Janeiro: Nova Fronteira, 1990.

______. *O desejo sexual*. Rio de Janeiro: Nova Fronteira, 1983.

KARUPPASWAMY, J. & VLIES, R. The Benefit of Estrogens and Progestogens in Postnatal Depression. *J. Obstet. Gynaecol.*, v. 23, 2003, pp. 341-346.

KENDELL, R. E. & cols. Epidemiology of Puerperal Psychoses. *Br. J. Psychiatry*, v. 150, 1987, pp. 662-673.

KERNBERG, O. Borderline Personality Organization. *Journal of the American Psychoanalytic Association*, n. 15, 1967, pp. 641-685.

______. The Seeds of the Self: An Interview By Susan Bridle. Disponível em: <http://www.wie.org/jl/kern.asp>. Acesso em: 11 jan. 2003.

______. The Interview: By Chamda Rankin. Disponível em: <http//www.psychotherapistresources.com/current/totm/kernberg.shtml. Acesso em: 11 jan. 2003.

KESSLER, R. J. *Affect Disor*, v. 29, 1993, pp. 85-95.

KESSLER, R. C. & cols. Lifetime and 12-month Prevalence of DSM-III-R Psychiatric Disorders in the United States: Results From the National Comorbidity Survey. *Arch. Gen. Psychiatry*, n. 51, 1994, pp. 8-19.

KIESLER, D. J. Interpersonal Methods of Diagnosis and Treatment. In: CAVENARA, J. O. (org.). *Psychiatry.* 2. ed., v. 4. Nova York: Lippincotet, 1986, pp. 1-23.

KLAIBER, E. I. et al. Effects of Estrogen Therapy on Plasma MAO Activity and EEG During Responses on Depressed Women. *Am. J. Psychiatr*, v. 28, 1972, pp. 1.492- 1.498.

KLONOFF-COHEN, H.; CHU, E.; NATARAJAN, L. et al. A Prospective Study of Stress Among Women Undergoing *in vitro* Fertilization or Gamete Intrafallopian Transfer. *Fertility and Sterility*, 76 (4), 2001, pp. 675-687.

KOERNER, K. & LINEHAN, M. M. Dialectical Behavior Therapy for Borderline Personality Disorder. In: HOFMAN, S. G. (org.). *Severe Mental Disorders: A Handbook of Empirically Supported Interventions*. Nova York: Guilford Press, 2002, pp. 317-342.

______. KOHLENBERG, R. J. & PARKER, C. R. Diagnosis of Personality Disorder: A Radical Behavioral Alternative. *Journal of Consulting and Clinical Psychology*, n. 64, 1996, pp. 1-8.

KOHLENBERG, R. J. & TSAI, M. Functional Analytic Psychotherapy. In: JACOBSON, N. S. (org.). *Psychoterapists in Clinical Practice: Cognitive and Behavioral Perspectives*. Nova York: Guilford Press, 1987.

______. Functional Analytic Psychotherapy: A Radical Behavioral Approach to Treatment and Integration. *Journal of Psychotherapy Integration*, n. 4, 1994, pp. 175-201.

______. I Speak, Therefore I Am: A Behavioral Approach to Understanding Problems of the Self. *The Behavior Therapist*, n. 18, 1995, pp. 113-116.

______. Functional Analytic Psychotherapy: A Behavioral Approach to Intensive Treatment. In: O'DONOHUE, W. & KRASNER, L. (orgs.). *Theories of Behavior Therapy*. Washington: American Psychological Association, 1995, pp. 637-657.

______. Psicoterapia analítica funcional: criando relações terapêuticas intensas e curativas. Tradução organizada por R. R. Kerbauy. Santo André: Esetec, 2001.

KOLATA, G. Risk of Breast Cancer Halts Hormone Replacement Study. *The New York Times* [online]. Jul. 2002. Disponível em: <http://site.mumsweb.com/article.php?sid=759>. Acesso em: 9 jul. 2002.

KREISMAN, J. J. & STRAUS, H. *I Hate You – Don't Leave Me: Understanding the Borderline Personality*. Nova York: Avon Books, 1989.

KUSNETZOFF, J. C. Aspectos emocionais do casal infértil. In: BADALOTTI M.; PETRACCO, A. & TELÖKEN, C. (eds.). *Fertilidade e infertilidade humana*. Rio de Janeiro: Medsi, 1997, pp. 19-29.

LEARY, T. *Interpersonal Diagnosis of Personality: A Functional Theory and Methodology for Personality Evolution*. Nova York: Ronald Press, 1957.

LEIBENLUFT, E. Issues in the Treatment of Women with Bipolar Illness. *J. Clin. Psychiatry*, n. 58, supl. 15, 1997, pp. 5-11.

LIDZ, Theodore. *A pessoa: seu desenvolvimento durante o ciclo vital*. Porto Alegre: Artmed, 1983.

LINEHAN, M. M. Skills Training Manual for Treating Borderline Personality Disorder. Nova York: Guilford Press, 1993.

______. COCHARAN, B. N. & KEHER, C. A. Dialectical Behavior Therapy for Borderline Personality Disorder. In: BARLOW, D. (org.). *Clinical Handbook of Psychological Disorders*. 3. ed. Nova York: Guilford Press, 2001.

LIPP, M. N. *Manual do inventário de sintomas de stress para adultos de Lipp (ISSL)*. 2. ed. São Paulo: Casa do Psicólogo, 2000.

LIVESLEY, W. J. A Practical Approach to the Treatment of Patients With Borderline Personality Disorder. *The Psychiatric Clinics of North America*, n. 23, 2000, pp. 211-232.

LLEWELLYN, A. & STOWE, Z. N. Psychotropic Medications in Lactation. *J. Clin. Psychiatry*, v. 59, supl. 2, 1998, pp. 41-52.

LOK, I. H.; LEE, D. T.; CHEUNG, W. S. et al. Psychiatric Morbidity Among Infertil Chinese Women Undergoing Treatment With Assisted Reproductive Technology and Impact of Treatment Failure. *Gynecologic and Obstetric Investigation*, 53 (4), 2002, pp. 195-199.

LOPES, G.; GOODSON, L. & CAVALCANTI, S. *Sexologia e ginecologia*. Rio de Janeiro: Medsi, 1995.

______. CLARO, J. A. & RODRIGUES JR., O. M. Disfunções sexuais femininas. *International Braz. J. Urol.*, v. 29, supl. 4, 2003, pp. 29-34.

______. TORRES, L. O.; NASCIMENTO, L. G. et al. *Patologia e terapia sexual*. Rio de Janeiro: Medsi, 1995.

LORD, C. & cols. Hippocampal Volumes are Larger in Postmenopausal Women Using Estrogen Therapy Compared to Past Users, Never Users and Men: a Possible Window of Opportunity Effect. *Neurobiol Aging*, v. 29, 2008, pp. 95-101.

LOUIK, C. & cols. First-Trimester Use of Selective Serotonin-Reuptake Inhibitors and the Risk of Birth Defects. *New England Journal of Medicine*, v. 356, 2007, pp. 2.675-2.683.

LÜDKE, M. & ANDRÉ, M. E. D. A. *Pesquisa em educação: abordagens qualitativas*. São Paulo: EPU, 1986.

LUKSE, M. P. & VACC, N. A. Grief, Depression and Coping in Women Undergoing Infertility Treatment. *Gynécologie Obstétrique & Fertilité*, v. 93, 1999, pp. 245-251.

MACK, J. Borderline States. In: ______. (org.). *Borderline States in Psychiatry*. Nova York: Grune & Stratton, 1975, pp. 1-27.

MALDONADO, M. T. *Psicologia da gravidez: parto e puerpério*. 14. ed. São Paulo: Saraiva, 1997.

______. *Psicologia da gravidez*. 4. ed. Petrópolis: Vozes, 1981.

______. & CANELLA, P. *Recursos de relacionamento para profissionais de saúde*. Rio de Janeiro: Reichmann & Affonso, 2003.

MANKOWITZ, A. *Menopausa: tempo de renascimento*. Coleção Amor e Psique. 2. ed. São Paulo: Paulinas, 1986.

MARGIS, R. & CORDIOLI, A. V. Idade adulta: meia-idade. In: EIZIRIK, C. L.; KAPCZINSKI, F. & BASSOLS, A. M. S. (orgs.). *Ciclo da vida humana: uma perspectiva psicodinâmica*. Porto Alegre: Artmed, 2001. pp. 159-167.

MARRACCINI, E. M. Mulher: significados no meio da vida. Dissertação (Mestrado em Psicologia), Faculdade de Psicologia da PUCSP, 1999.

MARTIN, M. C.; BLOCK, J. E. & SANCHEZ, S. D. et al. Menopausa sem sintomas: a endocrinologia das índias maias. *Am. J. Obstet. Gynecol.*, v. 168, 1993, pp. 1.839-1.845.

MASTERS, W. M. & JOHNSON, V. E. *A conduta sexual humana*. 3. ed. Rio de Janeiro: Civilização Brasileira, 1979.

MATRISCIANO, F. & cols. Changes in BDNF Serum Level in Patients with Major Depression Disorder (MDD) After 6 Months Treatment With Sertraline, Escitalopram or Venlafaxine. *J. Psychiatr. Res.*, 2008 (no prelo).

MATSUBAYASHI, H.; HOSAKA, T. S. I.; SUZIJI, T. et al. Emotional Distress of Infertile Women in Japan. *Human Reproduction*, 16 (5), 2001, pp. 966-969.

MCDANIEL, S. H.; HEPWORTH, J. & LOHERTY, W. Terapia familiar medica con parejas enfrentadas a la infertilidad. *The American Journal of Therapy*, 20 (2), 1992, pp. 101-122.

MCINTYRE, R.S. & cols. Hormone Replacement Therapy and Antidepressant Prescription Patterns: a Reciprocal Relationship. *CMAJ*, v. 172, 2005, pp. 57-59.

MEDINA, M. G; SANTOS, D. N. & ALMEIDA FILHO, N. Epidemiologia do consumo de substâncias psicoativas. In: MINISTÉRIO DA SAÚDE. *Entre riscos e danos: uma nova estratégia de atenção ao uso de drogas*. Salvador: Ministério da Saúde, 2002, pp. 19-36.

MEIRA-LIMA, I. V. & VALLADA, H. P. Estudos genéticos no transtorno afetivo bipolar. *Rev. Psiq. Clin.*, n. 25, 1998, pp. 166-175.

MELGES, F. T. & SWARTZ, M. S. Oscillations of Attachment in Borderline Personality Disorder. *American Journal of Psychiatry*, n. 146, 1989, pp. 115-120.

MENDES, I. A. C. & Luis, M. A. V. Uso de substancias psicoativas: un nuevo viejo desafío. *Ver. Latino-am. Enfermagem*, n. 12 (número especial), mar./abr. 2004, pp. 295-6.

MICHELON, L. & VALLADA, H. Genetic of Bipolar Disorder. *Rev. Bras. Psiq.*, n. 26, 2004, pp. 2-6.

MILLON, T. *Modern Psychopathology*. Filadélfia: Saunders, 1969.

______. Uma abordagem através da aprendizagem biossocial. In: ______. (org.). *Teorias da psicopatologia e personalidade*. Rio de Janeiro: Intramericana, 1979, pp. 332-336.

______. *Disorders of Personality DSM – III: Axis II*. Nova York: John Wiley & Sons, 1981.

MINAYO, M. C. de S. Ciência, técnica e arte: o desafio da pesquisa social. In: ______. (org.). *Pesquisa social: teoria, método e criatividade*. 6. ed. Petrópolis: Vozes, 1994, pp. 9-29.

______. *O desafio do conhecimento: pesquisa qualitativa em saúde*. São Paulo: Hucitec/Rio de Janeiro: Abrasco, 1998.

MISRI, S. & cols. The Use of Paroxetine and Cognitive-Behavioral Therapy in Postpartum Depression and Anxiety: A Randomized Controlled Trial. *J. Clin. Psychiatry*, v. 65, 2004, pp. 1.236-1.241.

______. Internalizing Behaviors in 4-year-old Children Exposed in Utero to Psychotropic Medications. *American Journal of Psychiatry*, v. 163, 2006, pp. 1.026-1.032.

MIYAZAKI, M. C. O. S. *Psicologia da saúde: ensino, pesquisa e extensão de serviços em hospital escola*. Mesa-redonda proferida no V Congresso Latino-americano de Psicoterapias Cognitivas, Porto Alegre, 2004.

MONGA, M.; ALEXANDRESCU, B. & KATZ, S. E. Impact of Infertility on Quality of Life, Marital Adjustment, and Sexual Function. *Urology*, 63 (1), 2004, pp. 126-30.

MOREIRA, S.; TOMAZ, G. & AZEVEDO, G. Aspectos psicológicos da infertilidade conjugal. *Femina*, 33 (1), 2005, pp. 19-24.

MORENO, R. A. & MORENO, D. H. *Da psicose maníaco-depressiva ao espectro bipolar*. São Paulo, 2005.

MORI, M. E.; COELHO, V. L. D. A Vida Ouvida: a Escuta Psicológica e a Saúde da Mulher de Meia-idade. *Estudos e Pesquisas em Psicologia*. LIERJ, RJ, Ano 3, n. 2, 2003.

______. Mulheres de corpo e alma: aspectos biopsicossociais da mulher de meia-idade. *Psicol. Reflex. Crit.*, v. 17, 2004, pp. 177-187.

MORRISON, M. & cols. Lack of Efficacy of Estradiol for Depression in Postmenopausal Women: a Randomized, Controlled Trial. *Biol. Psychiatry*, v. 55, 2004, pp. 406-412.

MOSCOVICI, S. *Representação social da psicanálise*. Rio de Janeiro: Zahar, 1978.

NAVARRO-SWAIN, T. Velha? Eu? Auto-retrato de uma feminista. *LABRYS – Estudos feministas* (revista eletrônica), n. 4, ago.-dez., 2003.

NERI, A. L. Paradigmas contemporâneos sobre o desenvolvimento humano em psicologia e em sociologia. In: ______. (org.). *Desenvolvimento e envelhecimento: perspectivas biológicas, psicológicas e sociológicas*. Coleção Vivaidade. Campinas: Papirus, 2001a, pp. 11-37.

______. Velhice e qualidade de vida na mulher. In: ______. (org.). *Desenvolvimento e envelhecimento: perspectivas biológicas, psicológicas e sociológicas*. Coleção Vivaidade. Campinas: Papirus, 2001b, pp. 161-200.

______. Psicologia do envelhecimento: uma área emergente. In: ______. (org.). *Psicologia do envelhecimento: temas selecionados na perspectiva de curso de vida*. Coleção Vivaidade. Campinas: Papirus, 1995, pp. 13-40.

NEUGARTEN, B. L. & KRAINES, R. J. "Menopausal Symptons" in Women of Various Ages. *Psychosom. Med.*, v. 27, 1965, pp. 266-273.

NEWPORT, D. J. & cols. The Treatment of Postpartum Depression: Minimizing Infant Exposures. *J. Clin. Psychiatry*, v. 63, supl. 7, 2002, pp. 31-44.

NISSIM, R. & ARAÚJO, M. J. O. Dossiê Menopausa. Rede Saúde – Rede Nacional Feminista de Saúde e Direitos Reprodutivos, São Paulo, mar. 2001. Disponível em: <http://www.redesaude.org.br/ dossies/html/dossiemenopausa.html>. Acesso em: 27 jul. 2007.

O'HARA, M. W. & cols. Controlled Prospective Study of Postpartum Mood Disorders: Psychological, Environmental, and Hormonal Variables *J. Abnorm. Psychol.*, v. 99, 1990, pp. 3-15.

OBERLANDER, T. F. & cols. Externalizing and Attentional Behaviors in Children of Depressed Mothers Treated with a Selective Serotonin Reuptake Inhibitor Antidepressant During Pregnancy. *Arch. Pediatr. Adolesc. Med.*, v. 161, 2007, pp. 22-29.

ODDENS, B. J.; DEN, T. I. & NIEUWENHUYSE, H. Psichosocial Experiences in Women Facing Fertility Problems: A Comparative Survey. *Human Reproduction*, 14 (1), 1999, pp. 255-261.

O'HARE, P. Redução de danos: alguns princípios e a ação prática. In: MESQUITA, F. & BASTOS, F. I. *Drogas e Aids: estratégias de redução de danos*. São Paulo: Hucitec, 1994, pp. 200-15.

OLIVEIRA, J. F. Mulheres (con)vivendo com drogas: vulnerabilidade e representações sobre Aids [Dissertação]. Salvador: UFB, 2001.

______. PAIVA, M. S. & VALENTE C. M. L. A interferência do contexto assistencial na visibilidade do consumo de drogas por mulheres. *Rev. Latino-Am. Enfermagem*, 15 (2), 2007.

PAISM – Programa de Atenção Integral à Saúde da Mulher. Ministério da Saúde, 1994.

PALACIOS, S. *Climaterio y menopausia.* Madri: Mirpal, 1993.

PALTIEL, F. L. La salud mental de la mujer de las Americas. *Genero, Mujer e Salud en las Americas*. Publicação da Organização Pan-americana de Saúde (OPS), 1993, pp.143-162.

PARIS, J. Childhood Precursors of Borderline Personality Disorder. *The Psychiatric Clinics of North America*, n. 23, 2000, pp.77-88.

PARKER, C. R.; BOLLING, M. Y. & KOHLENBERG, R. J. Operant Theory of Personality. In: BARONE, D. F.; HERSEN, M. & VAN HASSELT, V. B. (orgs.). *Advanced Personality*. Nova York: Plenum Press, 1998. pp. 155-171.

PASCH, L.; DUNKEL-SCHELTER, C. & CHRISTENSEN, A. Differences Between Husband's and Wive's Approach to Infertility Affect Marital Communication and Adjustment. *Fertility and Sterility*, 17 (6), 2002, pp. 1.241-1.247.

PFEIFFER, E. Borderline States. *Diseases of the Nervous System*, n. 35, 1974, pp. 212-219.

RAMOS, D. *Viva a menopausa naturalmente.* São Paulo: Augustus, 1998.

REGESTEM, R. R.; SCHIF, I.; TULCHINSKY, D. et al. Relationship Among Estrogen – Induced Psychophysiological Changes in Hypogonadas Women. *Psychosom. Med.*, v. 245, 1981, pp. 1.741-1.744.

REGIER, D. A. & cols. Comorbidity of Mental Disorders with Alcohol and Other Drug Abuse: Results from the Epidemiologic Catchment Area (ECA) Study. *JAMA*, 264 (19), 1990, pp. 2.511-8.

REMOR, E. A. Psicologia da saúde: apresentação, origens e perspectivas. *Psico*, 30 (1), 1999, pp. 205-217.

RIBEIRO, M. *Infertilidade e reprodução assistida: clínica psicanalítica.* São Paulo: Casa do Psicólogo, 2004.

ROCCA, W. A. & cols. Increased Risk of Cognitive Impairment or Dementia in Women who Underwent Oophorectomy before Menopause *Neurology*, v. 69, 2007, pp. 1074-1083.

RODRIGUES JR., O. M. *Psicologia e sexualidade*. Rio de Janeiro: Medsi, 1995.

ROUDINESCO, E. *Por que a psicanálise?* Rio de Janeiro: Jorge Zahar, 2000.

RUDIO, V. F. *Introdução ao projeto de pesquisa científica*. 9. ed. Petrópolis: Vozes, 2001.

RUIZ, João Álvaro. *Metodologia científica: guia para eficiência nos estudos*. 13. ed. São Paulo: Atlas, 1985.

SAAB, P. G., MATTHEWS K. A., STONEY C. M. et al. Premenopausal and Postmenopausal Women Differ in Their Cardiovascular and Neuroendocrine Responses to Behavioral Stresses. *Psychoneuroendocrinology*, v. 26, 1989, pp. 270-280.

SCHAFFER, A. et al. Gender Differences in Service Utilization and Treatment for Bipolar Disorder. IV Conferência Internacional sobre Transtorno Bipolar, Pitisburgo, junho de 2005.

SAGAWA, R. Y. Atender por atender, na saúde mental pública. Ou: produtividade *versus* qualidade de atendimento psicológico em Instituição Pública de Saúde Mental. In: JUSTO, J. S. & SAGAWA, R. Y. (orgs.). *Rumos do saber psicológico*. São Paulo: Arte & Ciência, 1998, pp. 67-85.

SALOMONE, Roberta. O Brasil é o campeão no consumo de anfetaminas. *Veja,* ed. 1946, 8 mar. 2006.

SANTORO, N. & cols. *J. Clin. Endocrinol. Metab.*, v. 81, 1996, pp. 1495-1501.

SCHMIDT, P. J. & cols. *Am. J. Obstet. Gynecol.*, v. 183, 2000, pp. 414-420.

SEEMAN, M. V. Mental Illness in Women. In: GOLDMAN, M. B. & HATCH, M. C. (eds.). *Women and Health*. San Diego: Academic Press, 2000, pp. 989-96.

SEGAL, H. *Klein*. Glasgow: Fontana, 1979.

SEIBEL, D. & CARVALHO, C. A. P. *Respostas emocionais do casal na reprodução humana*. 18º Congresso Brasileiro de Reprodução Humana, Porto Alegre, 1998, pp. 9-11.

SÉVERINE, D. The Specificities of Female Drug Addiction. [serial on the internet] ago. 2004 [citado em 10 dez. 2004]; [about 3 p.].

SHEA, M. T.; BENJAMIN, L. S.; CLARKIN, J. F. et al. Personality Disorders: A Discussion of Current Status and Future Directions for Research, Practice and Policy. In: *Psychotherapy in Practice*, n. 55, 1999, pp. 1.371-1.384.

SHOUPES, S. & LOBO, R. Endogenous Opioids in The Menopause. *Semim. Reprod. Endocrinol.*, v. 5, 1987, p. 199.

SIEVER, L. J. & DAVIS, K. L. A Psychological Perspective on Personality Disorders. *American Journal of Psychiatry*, n. 148, 1991, pp. 1.647-1.658.

SISTEMA NACIONAL DE AUDITORIA. Anfetamina emagrece, mas faz muito mal. 2006. Disponível em: <http://sna.saude.gov.br/imprimir.cfm?id=2751>. Acesso em: 11/6/2006.

SKINNER, B. F. *About Behaviorism*. Nova York: Knopf, 1974.

______. *Ciência e comportamento humano*. São Paulo: Martins Fontes, 1998.

______. The Philogeny and Ontogeny of Behavior. *Science*, n. 153, 1966, pp. 1.205-1.213.

______. Selection by Consequences. *Science*, n. 213, 1981, pp. 501-504.

SOARES, C.N. Menopausal Transition and Depression: Who is at risk and how to treat it? *Expert Rev Neurother*, v. 7, 2007, pp. 1.285-1.293.

SOLOFF, P. & MILLWARD, J. Developmental Histories of Borderline Patients. *Comprehensive Psychiatry*, n. 24, 1983, pp. 574-588.

SOUSA, Ana Carolina Aquino de & VANDENBERGHE, L. *Interação em psicologia*, 9 (2), jul./dez. 2005, Curitiba, pp. 381-390.

STAUDE, J. R. *O desenvolvimento adulto de C. G. Jung*. São Paulo: Cultrix, 1983.

TALBERT, G. B. Effect of Maternal Age on Reproduze Capacity. *Am. J. Obstet. Gynecol.*, v. 102, 1968, p. 451.

TAMBLY, R. M. & cols. Questionable Prescribing for Elderly Patients in Quebec. *Can. Med. Assoc. J.*, n. 150, 1994, pp. 1.801-9.

THASE, M. E. & cols. Relative Antidepressant Efficacy of Venlafaxine and SSRIs: Sex-Age Interactions. *J Women's Health*, v. 14, 2005, pp. 609-616.

THOMSON, J. & OSWALD, I. Effect of Oestrogen on The Sleep, Mood and Anxiety of Menopausal Women. *Brit. Med. J.*, v. 2, 1977, pp. 1.317-1.319.

TRIVIÑOS, Augusto N. S. *Introdução à pesquisa em ciências sociais*. São Paulo: Atlas, 1987.

UNITED NATIONS PUBLICATION. Word Drug Report [serial online] 2005 [citado em 30 abr. 2005].

VAN VUGT, D. A. et al. Nalaxone Stimulation of Luteinizing Hormone Secretion The Female Monkey: Influence of Endocrine and Experimental Conditions. *Endocrinology*, v. 113, 1983, p. 1.858.

VIANNA, C. Climatério e autovalorização: uma reflexão feminista. Dissertação (Mestrado em Psicologia), Instituto de Psicologia da UnB, 2005.

______. & DINIZ, G. Saúde mental de mulheres no climatério: um diálogo entre os estudos feministas e a prática psicológica. In: FALCÃO, D. & DIAS, C. (ed.). *Maturidade e velhice: pesquisas e intervenções psicológicas*, São Paulo: Casa do Psicólogo, 2006, pp. 37-56.

VIDEBECH, P. & GOULIAEV, G. First Admission with Puerperal Psychosis: 7-14 Years of Follow-up. *Acta Psychiatr. Scand.*, 91 (3), 1995, pp. 167-173.

VIGUERA, A. C. & COHEN, L. S. The Course and Management of Bipolar Disorder During Pregnancy. *Psychopharmacol Bull*, 34 (3), 1998, pp. 339-346.

______. NONACS R. & cols. Risk of Recurrence of Bipolar Disorder in Pregnant and Nonpregnant Women After Discontinuing Lithium Maintenance. *Am. J. Psychiatry*, 157 (2), 2000, pp. 179-184.

______. TONDO, L. & BALDESSARINI, R. J. Sex Differences in Response to Lithium Treatment. *Am. J. Psychiatry*, 157 (9), 2000, pp. 1.509-1.511.

______. BALDESSARINI, R. J. & cols. Response to Lithium Maintenance Treatment in Bipolar Disorders: Comparison of Women and Men. *Bipolar Disord*, 3 (5), 2001, pp. 245-252.

VOLICH, R. M. *Psicossomática*. São Paulo: Casa do Psicólogo, 2002.

WASSON, E. J. & LINEHAN, M. M. Personality Disorders. In: BELLACK, A. S. & HERSEN, M. (orgs.). *Handbook of Behavior Therapy in the Psychiatric Setting*. Nova York: Plenum Press, 1993, pp. 329-353.

WIKIPÉDIA – Enciclopédia Mundial On-Line – Anfetaminas. Disponível em: <http://pt.wikipedia.org/wiki/Anfetamina>. Acesso em: 15 jun.2006.

WINNICOTT, D. W. *O ambiente e os processos de maturação: estudos sobre a teoria do desenvolvimento emocional*. 3. ed. Porto Alegre: Artmed, 1990.

WINOKUR, G.; CORYELL, W. & cols. Maniac-Depressive (Bipolar) Disorder: The Course in Light of a Prospective Ten-Year Follow-up of 131 Patients. *Acta Psychiatr. Scand.*, 89 (2), 1994, pp. 102-110.

WISNER & cols. Obsessions and Compulsions in Women with Postpartum Depression. *J. Clin. Psychiatry*, v. 60, 1999, pp. 176-180.

WRIGHT, J.; DUCHESNE, C.; SABOURIN, S. et al. Psychosocial Distress and Infertility: Men and Women Respond Differently. *Fertility and Sterility*, 55 (1), 1991, pp. 100-108.

YONKERS, K. A. Assessing Unipolar Mood Disorders in Women. *Psychopharmacol Bull*, n. 34, 1998, pp. 261-6.

______. WISNER, K. L. & cols. Management of Bipolar Disorder During Pregnancy and the Postpartum Period., 161 (4), 2004, pp. 608-620.

YOUNG, S. A. et al. Treatment of Premenstrual Dysphoric Disorder with Sertraline During the Luteal Phase: a Randomized, Double-Blind, Placebo-Controlled Crossover Trial. *J. Clin. Psychiatry*, 59 (2), 1998, pp. 76-80.

ZANOTTI & cols. Identificação e intervenção no transtorno psiquiátrico e intervenção no transtorno associadas ao puerpério: a colaboração do enfermeiro psiquiatra. *Revista Nursing*, 61 (6), 2003, pp. 36-42.

ZILBERMAN, M. Uso de drogas entre mulheres. In: BAPTISTA, M.; CRUZ, M. S. & MATIAS, R. (orgs.). *Drogas e pós-modernidade: prazer, sofrimento e tabu.* Rio de Janeiro: Eduerj, 2003, pp. 175-85.